FÖRDERTIGER

Herausgeber:

Thomas Laubis

Autoren:

Thomas Laubis
Eva Schnitzer

Name:

Mildenberger Verlag

Der FÖRDERTIGER 3 – Ein Arbeitsheft für die Schule und für zu Hause

Liebe Lehrerinnen, liebe Eltern,

der FÖRDERTIGER 3 bietet denjenigen Kindern Unterstützung an, die eine anschaulichere Erläuterung zu den einzelnen mathematischen Kompetenzen des 3. Grundschuljahrs benötigen. Die Inhalte sind so strukturiert, dass sich das Kind bei entsprechender Lesefertigkeit eigenständig mit den Themen befassen kann. Schulische oder häusliche Begleitung sind trotzdem ratsam, z. B. beim Bereitstellen hilfreicher Materialien oder beim Erfassen der Arbeitsaufträge.

Der Aufbau des FÖRDERTIGER 3 ist so gewählt, dass er sich an der Abfolge des Schülerbuchs MATHETIGER 3 (3505-60) orientiert. Die Überschriften beschreiben aber kurz und prägnant den mathematischen Inhalt (z. B. Addieren auf verschiedenen Wegen oder Hilfen für Sachaufgaben), so dass der FÖRDERTIGER 3 auch **lehrwerksunabhängig** eingesetzt werden kann.

Die Aufgaben und Übungen ersetzen eine Einführung in die Thematik nicht, sondern bewegen sich auf einem Anforderungsniveau, das das Kind in die Lage versetzt, den Inhalt in einfacher Weise und mit einfachem Zahlenmaterial nochmals selbstständig zu erarbeiten und zu verinnerlichen.

Ein Kennzeichen des FÖRDERTIGERs sind die **grünen Tipp-Tafeln**, die gelben **Merk-Schilder** und die erläuternden **Sprechblasen**. Dies sind Hinweise, Denkstützen und hilfreiche Aussagen des MATHETIGERs, die das Kind in jedem Fall beachten sollte.

Am unteren Seitenrand befinden sich die Hinweise zu den Materialien, die auf dieser Seite nötig sind oder nützlich sein können und somit eine handlungsorientierte Zugangsweise des Inhalts garantieren.

Sollte das Kind als Schulbuch den MATHETIGER 3 im Unterricht verwenden, findet es am unteren Seitenrand auch den entsprechenden Verweis auf die Schülerbuchseite im MATHETIGER 3.

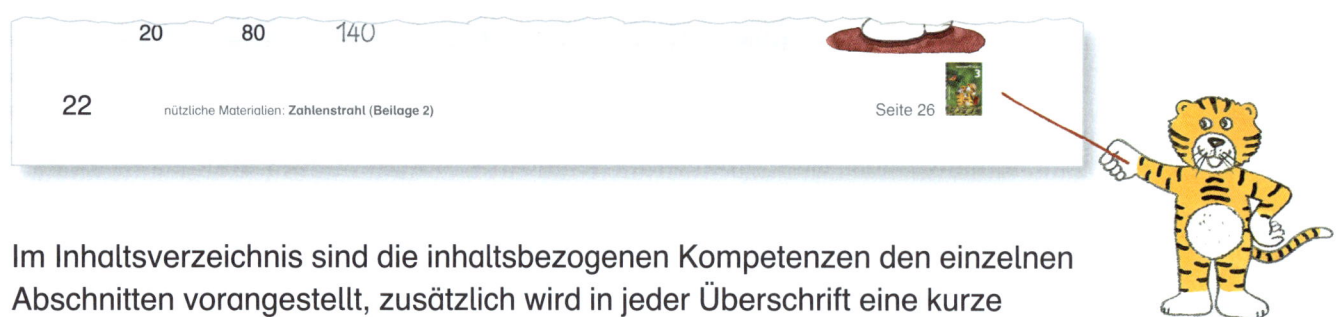

Im Inhaltsverzeichnis sind die inhaltsbezogenen Kompetenzen den einzelnen Abschnitten vorangestellt, zusätzlich wird in jeder Überschrift eine kurze inhaltliche Beschreibung des Abschnitts gegeben. Somit kann schnell die entsprechende Seite zu einer Thematik gefunden werden.

Wir wünschen dem Schulkind einen erkenntnisreichen und erfolgreichen Mathematikunterricht mit dem FÖRDERTIGER 3.

Die Autoren

Würfelspiel für 2 Spieler
Würfelt mit einem 6er-Würfel
und fahrt mit Spielsteinen.

ZIEL

● Rote Felder:
Steige die Liane hinauf oder hinunter.

○ Aufgabenfelder:
Löse die 1x1-Aufgabe. Ist die Lösung
richtig, darfst du 3 Felder vor, ist sie
falsch, musst du 3 Felder zurück.
Kontolliere deine Lösungen mit der
Einmaleinstabelle auf der
Rückseite dieses Heftes.

START

8·8 7·10 9·8 10·8 9·9 9·10 10·10
7·9
10·6 8·7 9·6 5·10 7·7 6·8
5·9
7·6
8·5
6·6
7·4 6·5 4·8 5·7
3·9
5·5 4·6 7·3 5·4 3·6
4·4
5·3
2·7
2·2 3·2 2·4 3·3 5·2 3·4

notwendige Materialien: **2 Sechserwürfel, 2 Spielsteine**
nützliche Materialien: **Einmaleinstabelle (Rückseite)**

Grundlagen des Einmaleins

① Lege die Punktebilder mit den Plättchen (Beilage 1) nach.
Schreibe dann zu jedem Punktebild eine Malaufgabe und ihre Tauschaufgabe.

a)

$3 \cdot 4 = 12$

$4 \cdot 3 =$

b)

$\cdot \quad =$

$\cdot \quad =$

c)

$\cdot \quad =$

$\cdot \quad =$

d)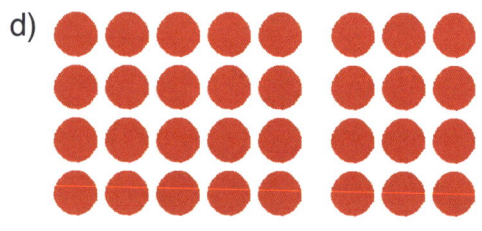

$\cdot \quad =$

$\cdot \quad =$

e)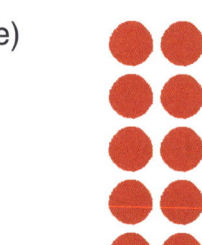

$\cdot \quad =$

$\cdot \quad =$

f)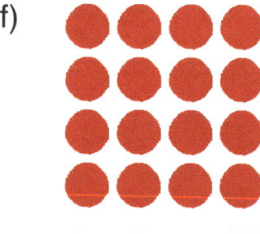

$\cdot \quad =$

$\cdot \quad =$

② Lege zu den Aufgaben ein Punktebild mit den Plättchen (Beilage 1).
Zeichne dann die Punktebilder.
Löse jede Aufgabe und schreibe die Tauschaufgabe dazu.

a)

$5 \cdot 3 =$

$\cdot \quad =$

b)

$9 \cdot 6 =$

$\cdot \quad =$

c)

$7 \cdot 7 =$

$\cdot \quad =$

notwendige Materialien: **Plättchen (Beilage 1)**
nützliche Materialien: **Einmaleinstabelle (Rückseite)**

Einmaleinsreihen üben

① Baue mit der Rechenmaschine die Einmaleinsreihen auf und sprich dazu.
Schreibe die Aufgaben auf.

a) 3er-Reihe   b) 5er-Reihe   c) 8er-Reihe

a)	b)	c)
1 · 3 =	1 · 5 =	1 · 8 =
2 · 3 =	2 · 5 =	2 · 8 =
· =	· =	· =
· =	· =	· =
· =	· =	· =
· =	· =	· =
· =	· =	· =
· =	· =	· =
· =	· =	· =
· =	· =	· =

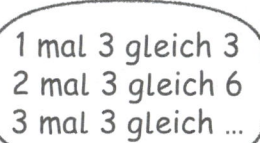

1 mal 3 gleich 3
2 mal 3 gleich 6
3 mal 3 gleich ...

② Baue auf diese Weise alle Einmaleinsreihen auf, die du noch nicht so gut kannst
und sprich dazu.

③ Löse jedes Aufgabenpäckchen ohne Hilfe. Du hast dafür nur 30 Sekunden Zeit.
Kontrolliere mit der Einmaleinstabelle auf der Rückseite des Heftes.
Schreibe auf, wie viele Aufgaben du richtig gelöst hast.

3 · 5 =	2 · 4 =	4 · 6 =
6 · 5 =	5 · 4 =	2 · 6 =
2 · 5 =	9 · 4 =	5 · 6 =
7 · 5 =	6 · 4 =	8 · 6 =
5 · 5 = ___ Richtige	10 · 4 = ___ Richtige	6 · 6 = ___ Richtige
6 · 2 =	3 · 9 =	1 · 8 =
8 · 2 =	1 · 9 =	3 · 8 =
3 · 2 =	5 · 9 =	4 · 8 =
5 · 2 =	4 · 9 =	6 · 8 =
10 · 2 = ___ Richtige	9 · 9 = ___ Richtige	5 · 8 = ___ Richtige

notwendige Materialien: **Rechenmaschine, Stoppuhr**
nützliche Materialien: **Einmaleinstabelle (Rückseite)**

Dividieren – verteilen

① Verteile Steckwürfel auf Blätter.
Wie viele Steckwürfel sind auf jedem Blatt?
Schreibe die Lösung auf.

a) Verteile 35 Steckwürfel auf 5 Blätter.   35 : 5 =

b) Verteile 18 Steckwürfel auf 3 Blätter.   18 : 3 =

c) Verteile 24 Steckwürfel auf 4 Blätter.   24 : 4 =

d) Verteile 42 Steckwürfel auf 7 Blätter.   42 :   =

e) Verteile 72 Steckwürfel auf 9 Blätter.   72 :   =

f) Verteile 30 Steckwürfel auf 6 Blätter.   :   =

② Wie viele Punkte sind in jedem Kreis?
Zeichne zu jeder Aufgabe ein Punktebild und finde die passende Geteiltaufgabe.

a) Verteile 21 Punkte in 3 Kreise.   21 :   =

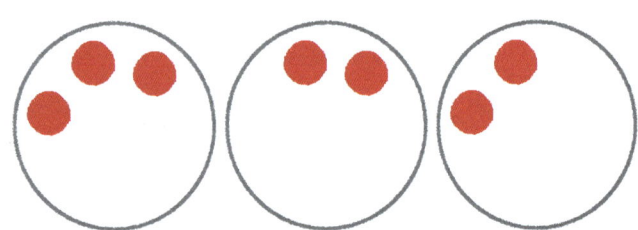

b) Verteile 24 Punkte in 6 Kreise.   :   =

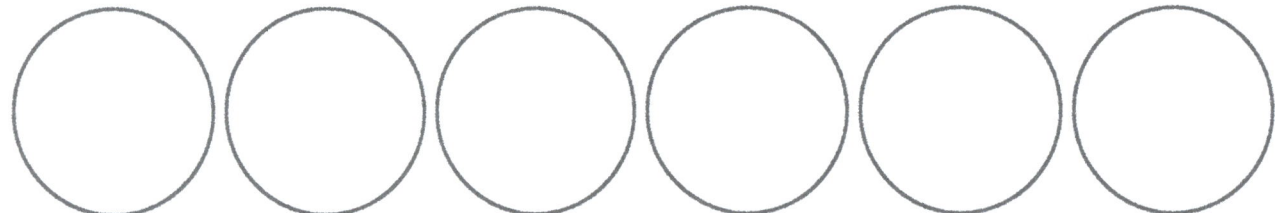

③ Löse die Aufgaben.
Überprüfe deine Lösungen mit Steckwürfeln oder Plättchen (Beilage 1).

a) 15 : 5 =   b) 16 : 4 =

c) 27 : 3 =   d) 40 : 8 =

notwendige Materialien: **72 Steckwürfel (alternativ: Plättchen der Beilage 1), 9 kleine Blätter Papier**

Dividieren – aufteilen

① Teile Steckwürfel auf Blätter auf.
Wie viele Blätter brauchst du?
Schreibe die Lösung auf.

a) Lege 24 Steckwürfel, immer 8 auf ein Blatt.   24 : 8 =

b) Lege 56 Steckwürfel, immer 7 auf ein Blatt.   56 : 7 =

c) Lege 28 Steckwürfel, immer 4 auf ein Blatt.   28 : ☐ =

d) Lege 36 Steckwürfel, immer 9 auf ein Blatt.   36 : ☐ =

e) Lege 64 Steckwürfel, immer 8 auf ein Blatt.   ☐ : ☐ =

f) Lege 42 Steckwürfel, immer 6 auf ein Blatt.   ☐ : ☐ =

② Zeichne zu jeder Aufgabe ein Punktebild und finde die passende Geteiltaufgabe.
Wie viele Kreise musst du zeichnen?

a) Zeichne 25 Punkte, immer 5 in einen Kreis.   25 : ☐ = ☐

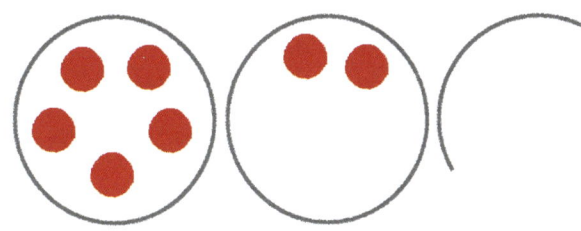

b) Zeichne 48 Punkte, immer 8 in einen Kreis.   ☐ : ☐ =

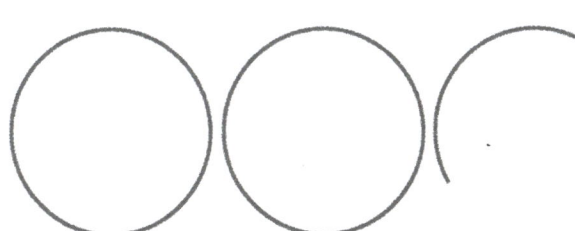

③ Löse die Aufgaben.
Überprüfe deine Lösungen mit Steckwürfeln oder Plättchen (Beilage 1).

a) 45 : 9 =   b) 54 : 6 =

c) 49 : 7 =   d) 16 : 2 =

Addieren im Zahlenraum bis 100

① Rechne mit der Rechenmaschine und schreibe die Lösungen auf.

a) 25 + 4 =

25 + 5 =

25 + 7 =

25 + 8 =

25 + 9 =

b) 67 + 7 =

68 + 5 =

68 + 4 =

69 + 8 =

69 + 6 =

c) 30 + 23 =

30 + 38 =

30 + 41 =

30 + 16 =

30 + 54 =

d) 23 + 8 =

42 + 9 =

77 + 6 =

56 + 4 =

39 + 7 =

e) 64 + 7 =

19 + 3 =

85 + 6 =

42 + 8 =

76 + 5 =

f) 70 + 13 =

60 + 35 =

50 + 41 =

40 + 16 =

30 + 24 =

g) 20 + 28 =

30 + 27 =

40 + 56 =

50 + 19 =

60 + 32 =

② Schau genau auf die Aufgabenreihen.
Rechne die Aufgaben dann ohne Rechenmaschine.

a) 20 + 30 =

20 + 40 =

20 + 60 =

20 + 70 =

20 + 80 =

b) 34 + 10 =

34 + 30 =

34 + 50 =

45 + 20 =

45 + 40 =

c) 41 + 20 =

41 + 22 =

41 + 25 =

41 + 27 =

41 + 28 =

d) 52 + 10 =

52 + 13 =

52 + 14 =

52 + 16 =

52 + 17 =

e) 13 + 30 =

13 + 32 =

13 + 33 =

13 + 35 =

13 + 36 =

f) 60 + 20 =

60 + 24 =

60 + 26 =

60 + 28 =

60 + 30 =

g) 15 + 50 =

16 + 50 =

18 + 50 =

19 + 50 =

20 + 50 =

h) 71 + 12 =

72 + 12 =

74 + 12 =

77 + 12 =

78 + 12 =

Halbschriftlich addieren im Zahlenraum bis 100

$38 + 26 = 64$ Den langen Weg rechnen:

$38 + 20 = 58$ Addiere zuerst die Zehner.

$58 + 6 = 64$ Addiere dann die Einer.

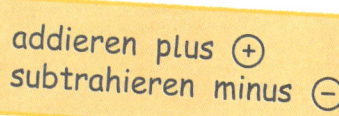

addieren plus ⊕
subtrahieren minus ⊖

① Rechne mit der Rechenmaschine.

a)
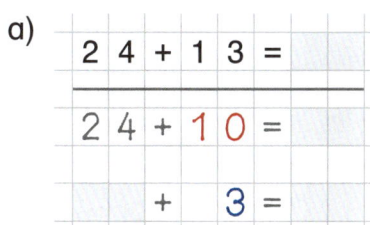
$$24 + 13 =$$
$$24 + 10 =$$
$$ + 3 =$$

b)
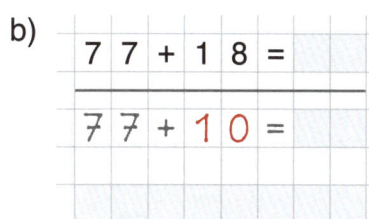
$$77 + 18 =$$
$$77 + 10 =$$

c)
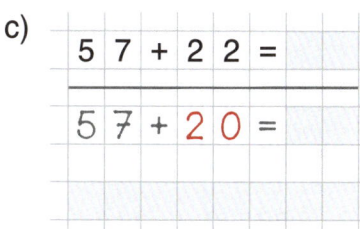
$$57 + 22 =$$
$$57 + 20 =$$

d)
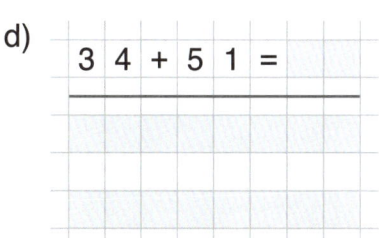
$$34 + 51 =$$

e)
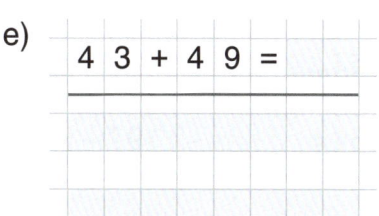
$$43 + 49 =$$

f)
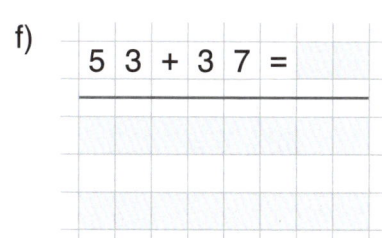
$$53 + 37 =$$

g)
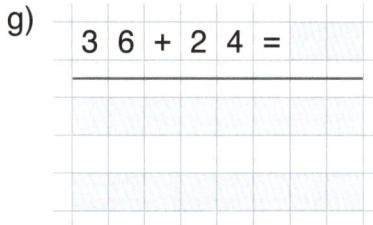
$$36 + 24 =$$

h)
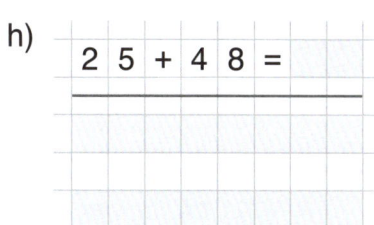
$$25 + 48 =$$

i)
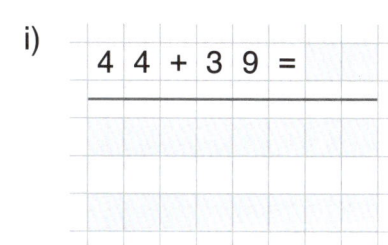
$$44 + 39 =$$

② Lies die Aufgabe laut. Finde eine passende Rechnung und schreibe sie auf.
Schreibe zum Schluss einen Antwortsatz.

a) David hat 34 Autos, Jessica hat 47 Autos.

    F: Wie viele Autos haben die beiden
       zusammen?

    R:

    A: _____

    _____

b) Sarah hat 49 Perlen, Elias nur 26.

    F: Wie viele Perlen haben die beiden
       zusammen?

    R:

    A: _____

    _____

① Rechne mit der Rechenmaschine und schreibe die Lösung auf.

a) $34 - 2 =$ b) $51 - 3 =$ c) $80 - 6 =$ d) $35 - 6 =$

$34 - 4 =$ $51 - 8 =$ $80 - 9 =$ $41 - 4 =$

$34 - 6 =$ $51 - 6 =$ $80 - 4 =$ $54 - 8 =$

$34 - 7 =$ $51 - 5 =$ $80 - 7 =$ $63 - 5 =$

$34 - 9 =$ $51 - 7 =$ $80 - 5 =$ $72 - 3 =$

e) $97 - 7 =$ f) $70 - 45 =$ g) $46 - 20 =$

$86 - 8 =$ $50 - 21 =$ $59 - 30 =$

$73 - 4 =$ $30 - 17 =$ $73 - 50 =$

$61 - 9 =$ $60 - 38 =$ $81 - 40 =$

$52 - 6 =$ $80 - 54 =$ $97 - 60 =$

Tipp für Aufgabe 1g):
Nimm die Zehner von oben weg.

② Schau genau auf die Aufgabenreihen.
Rechne die Aufgaben dann ohne Rechenmaschine.

a) $80 - 20 =$ b) $60 - 10 =$ c) $59 - 20 =$ d) $46 -\ \ 6 =$

$80 - 30 =$ $60 - 15 =$ $59 - 22 =$ $46 -\ \ 8 =$

$80 - 40 =$ $60 - 20 =$ $59 - 24 =$ $46 - 10 =$

$80 - 50 =$ $60 - 25 =$ $59 - 26 =$ $46 - 12 =$

$80 - 60 =$ $60 - 30 =$ $59 - 28 =$ $46 - 14 =$

③ Verbinde die Zahlen der Größe nach. Beginne bei 35.

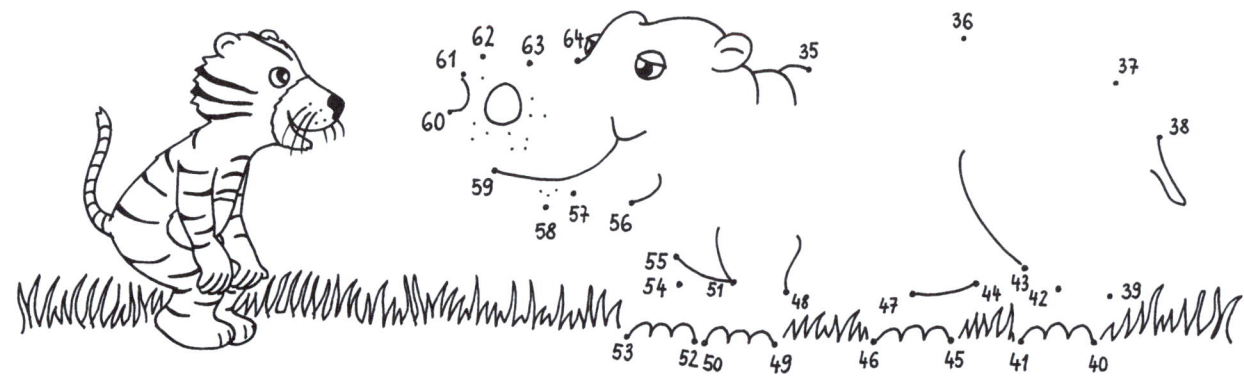

Halbschriftlich subtrahieren im Zahlenraum bis 100

subtrahieren minus ⊖
addieren plus ⊕

$53 - 25 = 28$ Den langen Weg rechnen:

$53 - \textcolor{red}{20} = 33$ Subtrahiere zuerst die **Zehner**.

$33 - \textcolor{blue}{5} = 28$ Subtrahiere dann die **Einer**.

① Rechne mit der Rechenmaschine.

a)
$38 - 15 =$
$38 - \textcolor{red}{10} =$
$- \textcolor{blue}{5} =$

b)
$64 - 36 =$
$64 - \textcolor{red}{30} =$

c)
$49 - 26 =$
$49 - \textcolor{red}{20} =$

d)
$54 - 32 =$

e)
$85 - 57 =$

f)
$90 - 61 =$

g)
$72 - 45 =$

h)
$57 - 39 =$

i)
$34 - 26 =$

② Fülle die Tabellen aus.

Rechne schlau:
$6 - 2 = 4$
$16 - 2 = 14$

a)
−	2	3	5	6
6	4			
16	14			

b)
−	3	5	6	8
9				
19				

c)
−	1	4	6	7
8				
28				

d)
−	2	4	5	7
7				
37				

Sachaufgaben – Rechnung finden

Spiele alle Aufgaben mit Steckwürfeln oder Plättchen (Beilage 1).

① Der Bäcker legt am Morgen 34 Brezeln und am Nachmittag nochmals 29 Brezeln ins Regal.

F: Wie viele Brezeln legt der Bäcker insgesamt ins Regal?

R:

A: _____

_____

② Im Regal sind 42 Brötchen. Bis zum Mittag werden 37 Brötchen verkauft.

F: Wie viele Brötchen sind noch da?

R:

A: _____

_____

③ Im Schaufenster stehen 6 Teller. Auf jedem Teller sind 5 Stücke Kuchen.

F: Wie viele Stücke Kuchen sind das insgesamt?

R:

A: _____

_____

④ Die Verkäuferin packt 15 kleine Brote in 5 Tüten.

F: Wie viele Brote kommen in jede Tüte?

R:

A: _____

_____

notwendige Materialien: **Steckwürfel (alternativ: Plättchen der Beilage 1)**

Uhrzeiten kennen – mit Uhrzeiten rechnen

Beachte:

min = Minute
h = Stunde

1 Stunde = 60 Minuten
1 h = 60 min

1 Tag = 24 Stunden

① Wie spät ist es?
Nimm eine Lernuhr zu Hilfe und stelle die Uhrzeiten ein.
Schreibe immer beide Uhrzeiten auf.

a)    b)   c)    d)

② Stelle die Uhrzeit auf der Lernuhr ein.
Zeichne die Zeiger ein und schreibe die zweite Uhrzeit auf.

a) 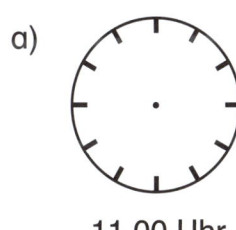   b)    c)    d)

11.00 Uhr   9.15 Uhr   2.45 Uhr   4.50 Uhr

③ Stelle an der Lernuhr ein, wie die Zeit vergeht und schreibe die Endzeiten auf.

a) 7.00 Uhr ──5 h──▶   b) 14.00 Uhr ──3 h──▶

c) 19.00 Uhr ──4 h──▶   d) 4.30 Uhr ──2 h──▶

e) 8.30 Uhr ──1 h 15 min──▶   f) 11.50 Uhr ──4 h 10 min──▶

Zeichen mit dem Lineal

Tipps zum Zeichnen:
- Spitze den Bleistift.
- Lege das Lineal genau an.
- Halte das Lineal mit gespreizten Fingern.
- Kontrolliere nochmals.
- Ziehe die Linie.

① Zeichne die Formen ab. Beachte die Tipps.

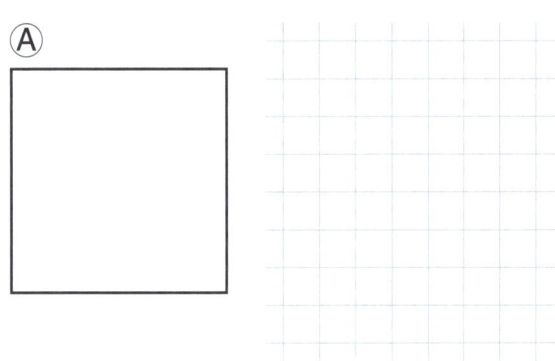

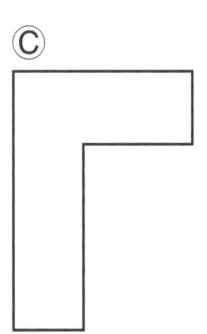

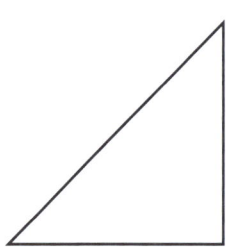

② Zeichne die Figur ab.

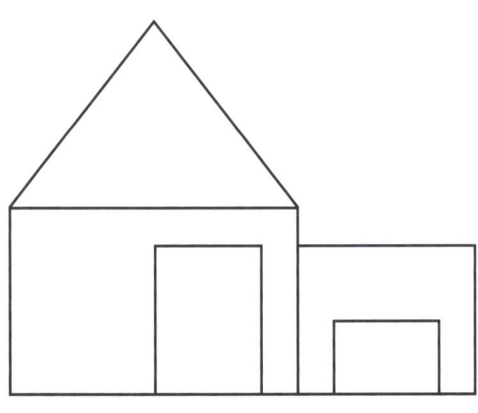

Seite 15

Geschickt zählen bis 1 000

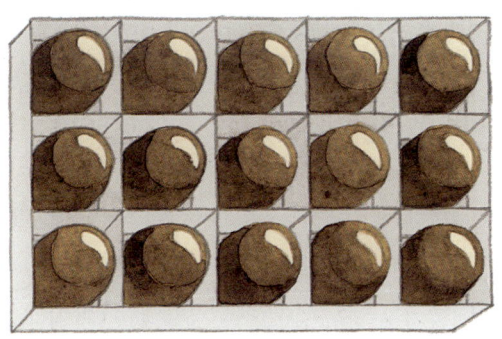

① Wie viele Schokoküsse sind insgesamt in allen Schachteln? Schätze.

geschätzt:

② Zähle.

So viele Schokoküsse sind es:

1 Schachtel: Schokoküsse

2 Schachteln: Schokoküsse

4 Schachteln: Schokoküsse

8 Schachteln: Schokoküsse

12 Schachteln: Schokoküsse

13 Schachteln: Schokoküsse

Tipps zum geschickten Zählen:
- Zähle die Schokoküsse in einer Schachtel.
- Zähle die Schachteln.
- Schreibe auf, wie viele Schokoküsse in einer, in zwei, in vier usw. Schachteln sind. Verdopple jeweils die Menge oder addiere zwei Ergebnisse.

③ In einer Schachtel sind 40 Büroklammern. Wie viele Büroklammern sind das insgesamt? Schätze.

geschätzt:

④ Schreibe wie bei Aufgabe 2 auf.

Einzelne Büroklammern: Büroklammern

1 Schachtel: Büroklammern

2 Schachteln: Büroklammern

Insgesamt sind das Büroklammern.

Stellenwerte – Hunderter, Zehner, Einer

① Die Symbolkarten für Hunderter, Zehner und Einer sind in den Farben Gelb, Rot und Blau angemalt. Male die Wortkarten, die Stellenwertkarten und die Zahlenkarten mit der passenden Farbe an.

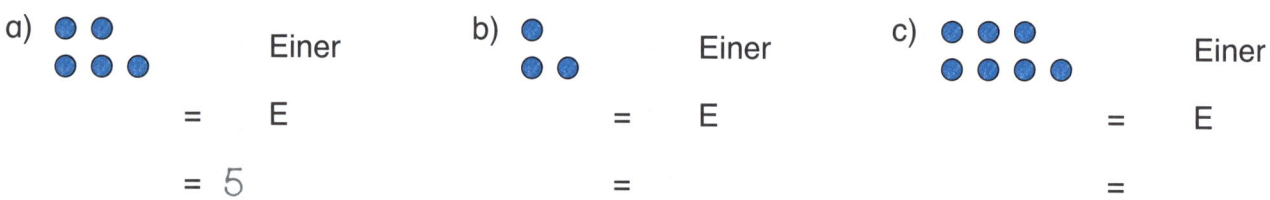

Symbolkarten   Wortkarten   Stellenwertkarten   Zahlenkarten

② Wie viele Einer sind es?

a)   Einer

= E

= 5

b)   Einer

= E

=

c)   Einer

= E

=

③ Wie viele Zehner sind es?

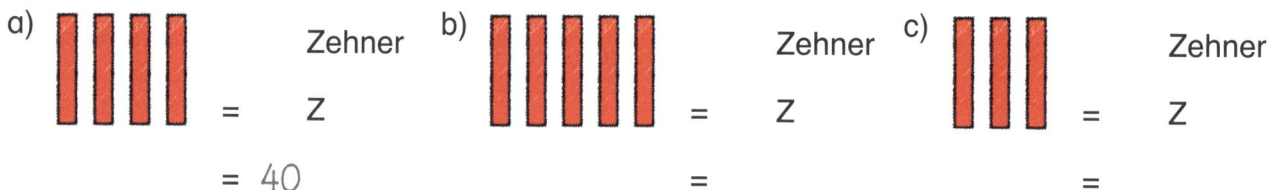

a)   Zehner

= Z

= 40

b)   Zehner

= Z

=

c)   Zehner

= Z

=

④ Wie viele Hunderter sind es?

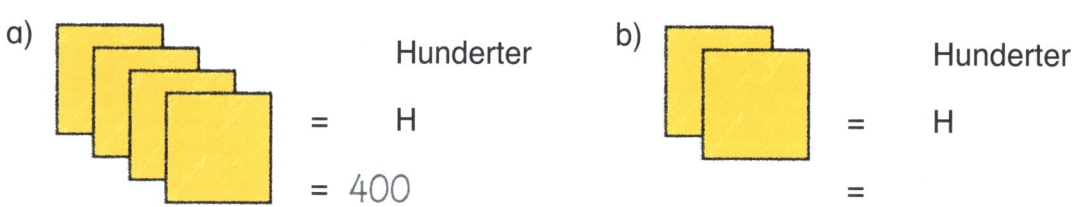

a)   Hunderter

= H

= 400

b)   Hunderter

= H

=

⑤ Welche Zahlen sind hier dargestellt?
Trage sie in die Stellenwerttabelle ein und schreibe als Zahl.

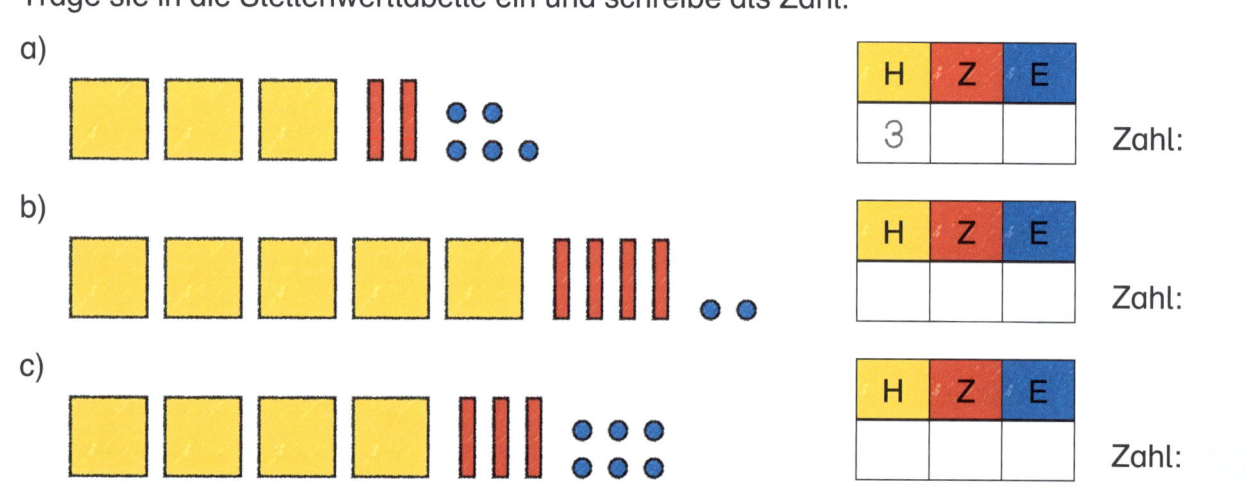

a)

H	Z	E
3		

Zahl:

b)

H	Z	E

Zahl:

c)

H	Z	E

Zahl:

Seite 19

Zahlwörter

① Lies die Zahlwörter. Schreibe die Stellenwerte und die Zahlen auf.

a)

| drei | und | siebzig | = 7 Z ▨ E = 73 |

| fünf | und | vierzig | = ▨ Z ▨ E = ▨ |

| acht | und | zwanzig | = ▨ Z ▨ E = ▨ |

| vier | und | sechzig | = ▨ Z ▨ E = ▨ |

Achtung:
Die Sprechweise und die Schreibweise sind unterschiedlich.

b)

| vierhundert | sechs | und | neunzig | = 4 H 9 Z ▨ E = ▨ |

| zweihundert | ein | und | fünfzig | = ▨ H ▨ Z ▨ E = ▨ |

| achthundert | neun | und | dreißig | = ▨ H ▨ Z ▨ E = ▨ |

| siebenhundert | zwei | und | achtzig | = ▨ H ▨ Z ▨ E = ▨ |

c) Hier fehlen Stellenwerte bei den Zahlwörtern.

| fünfhundert | sieben | = ▨ H ▨ Z ▨ E = ▨ |

| sechshundert | drei | = ▨ H ▨ Z ▨ E = ▨ |

| neunhundert | zehn | = ▨ H ▨ Z ▨ E = ▨ |

| einhundert | vierzig | = ▨ H ▨ Z ▨ E = ▨ |

Wenn bei den Zahlwörtern ein Stellenwert fehlt, dann schreiben wir 0.

d) Bei diesen Zahlwörtern musst du aufpassen.

| dreihundert | zwölf | = ▨ H ▨ Z ▨ E = ▨ |

| sechshundert | sechzehn | = ▨ H ▨ Z ▨ E = ▨ |

| fünfhundert | elf | = ▨ H ▨ Z ▨ E = ▨ |

| achthundert | siebzehn | = ▨ H ▨ Z ▨ E = ▨ |

Zwölf, das sind 1 Z und 2 E!

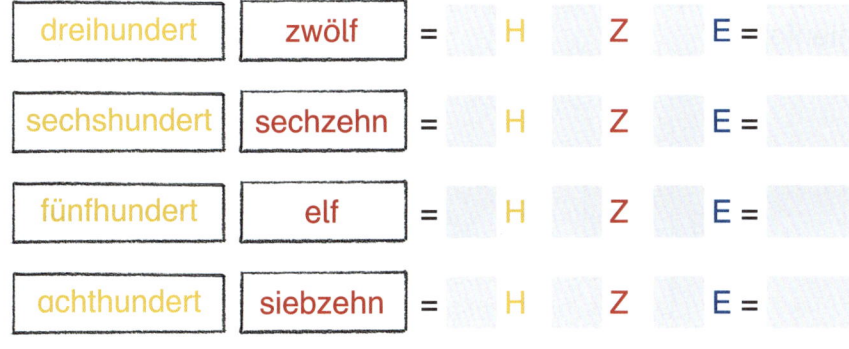

Zahlen im Zahlenfeld

① In jeder Zeile dieses Zahlenfeldes ist eine Zahl falsch.
Streiche sie durch und schreibe die richtigen Zahlen neben die Tabelle.

201	202	203	204	205	206	~~205~~	208	209	210	207
211	212	213	314	215	216	217	218	219	220	
221	222	223	224	225	226	227	228	229	240	
230	232	233	234	235	236	237	238	239	240	
241	242	243	244	254	246	247	248	249	250	
251	252	253	254	255	256	257	258	249	260	
261	262	263	264	265	299	267	268	269	270	
271	202	273	274	275	276	277	278	279	280	
281	282	283	284	285	289	287	288	289	290	
291	292	293	294	295	296	297	296	299	300	

② Finde jeweils die Zahl im Zahlenfeld und schreibe ihre vier richtigen Nachbarn auf.

	254	
263	264	

	212	

	238	

	287	

③ Decke das Zahlenfeld bei Aufgabe 1 ab.
Schreibe nun jeweils die vier Nachbarn auswendig auf.
Kontrolliere mit dem Zahlenfeld.

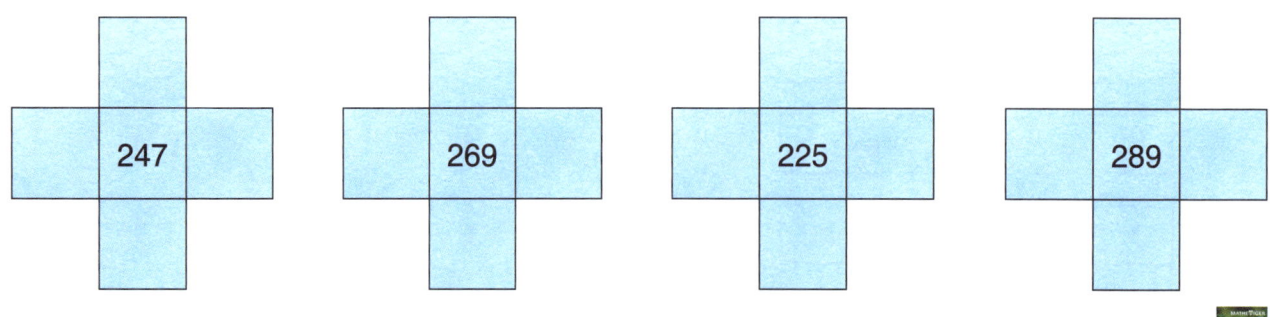

247   269   225   289

Rechnen im Zahlenfeld

401	402	403	404	405	406	407	408	409	410
411	412	413	414	415	416	417	418	419	420
421	422	423	424	425	426	427	428	429	430
431	432	433	434	435	436	437	438	439	440
441	442	443	444	445	446	447	448	449	450
451	452	453	454	455	456	457	458	459	460
461	462	463	464	465	466	467	468	469	470
471	472	473	474	475	476	477	478	479	480
481	482	483	484	485	486	487	488	489	490
491	492	493	494	495	496	497	498	499	500

① Wo beginnt der blaue Pfeil,
wo endet er?
Schreibe Rechnungen auf,
die zu den Pfeilen passen.

413 + 4 = 417

432 +

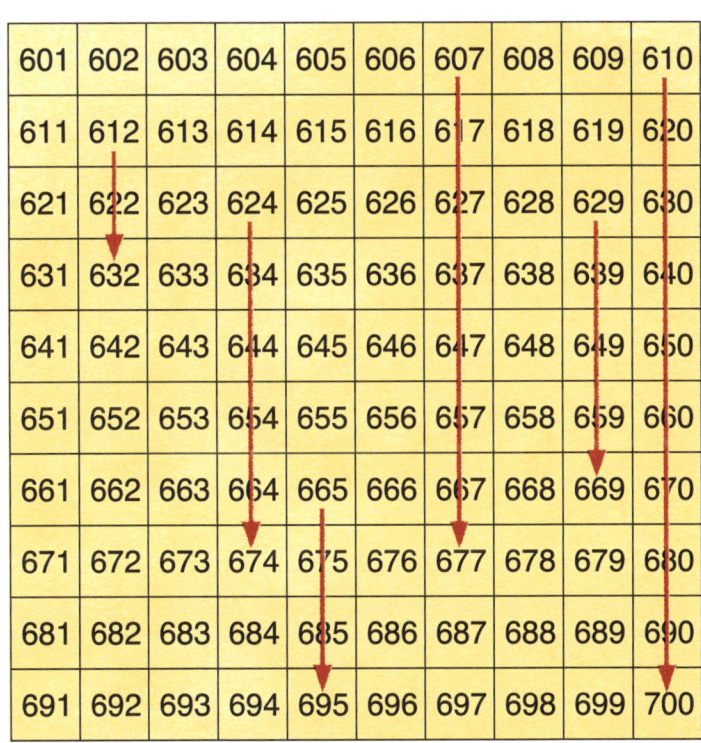

601	602	603	604	605	606	607	608	609	610
611	612	613	614	615	616	617	618	619	620
621	622	623	624	625	626	627	628	629	630
631	632	633	634	635	636	637	638	639	640
641	642	643	644	645	646	647	648	649	650
651	652	653	654	655	656	657	658	659	660
661	662	663	664	665	666	667	668	669	670
671	672	673	674	675	676	677	678	679	680
681	682	683	684	685	686	687	688	689	690
691	692	693	694	695	696	697	698	699	700

② Wo beginnt der rote Pfeil,
wo endet er?
Schreibe Rechnungen auf,
die zu den Pfeilen passen.

612 + 20 = 632

624 +

③ Ergänze zum nächsten Zehner.
Benutze die Zahlenfelder als Hilfe.

415 +   = 420   621 +   =

437 +   = 440   639 +   =

441 +   = 450   653 +   =

474 +   = 480   682 +   =

④ Ergänze zum nächsten Hunderter.
Benutze die Zahlenfelder als Hilfe.

430 +   = 500   678 +   =

460 +   = 500   619 +   =

480 +   = 500   665 +   =

490 +   = 500   681 +   =

Zahlen am Zahlenstrahl

1. Lies auf jedem Zahlenstrahl die Zahlen, die abgedruckt sind.

2. Schrcibe die nicht abgedruckten Zahlen auf und sprich sie laut.

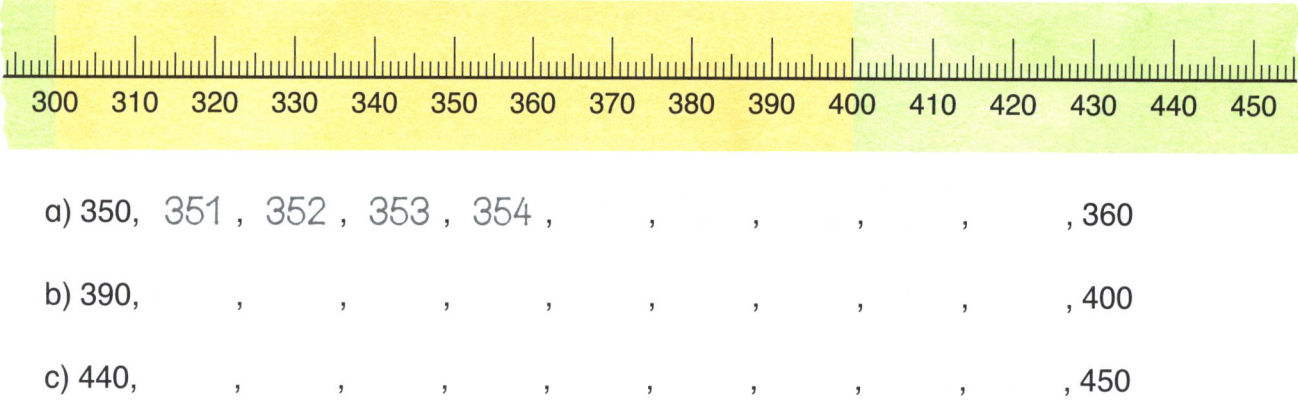

a) 350, 351 , 352 , 353 , 354 ,   ,   ,   ,   , 360

b) 390,   ,   ,   ,   ,   ,   ,   , 400

c) 440,   ,   ,   ,   ,   ,   ,   , 450

3. Schreibe auch hier die fehlenden Zahlen auf und sprich sie laut.

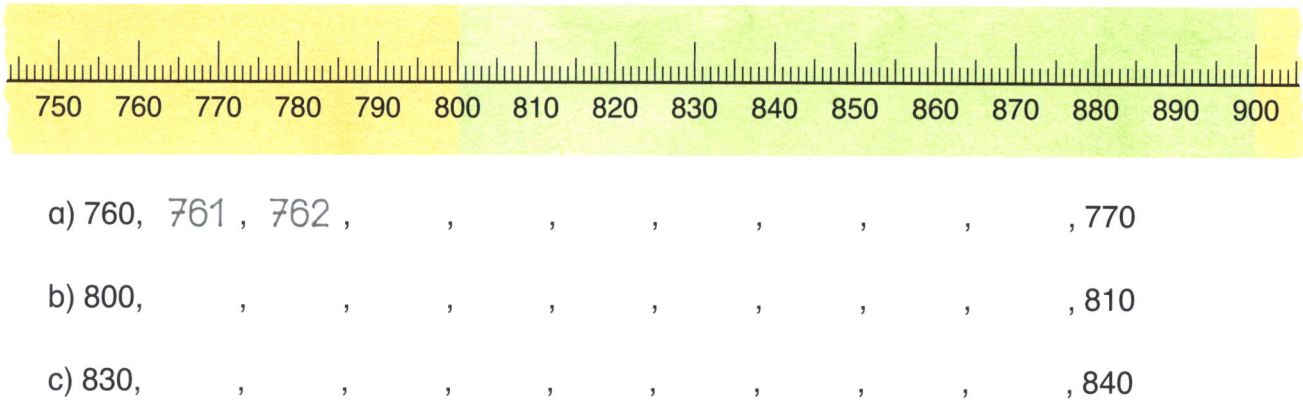

a) 760, 761 , 762 ,   ,   ,   ,   ,   ,   , 770

b) 800,   ,   ,   ,   ,   ,   ,   , 810

c) 830,   ,   ,   ,   ,   ,   ,   , 840

4. Zeichne die Rechnungen mit Pfeilen in den Zahlenstrahl und löse sie.

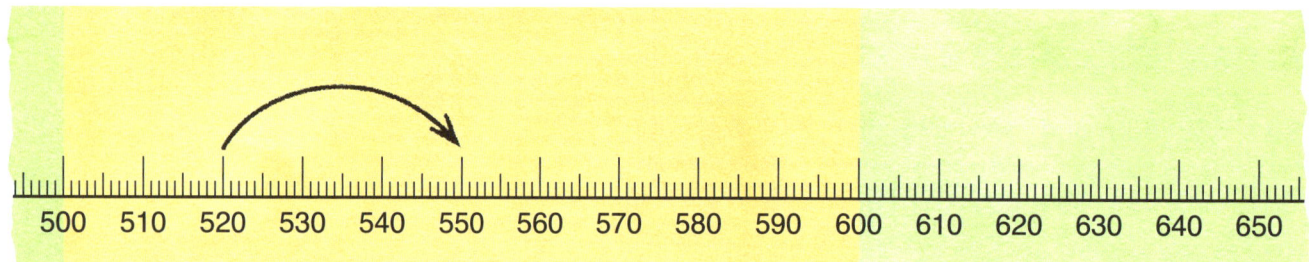

a) $520 + 30 =$ b) $590 + 40 =$ c) $570 + 60 =$

    $560 + 20 =$ $600 + 50 =$ $520 + 90 =$

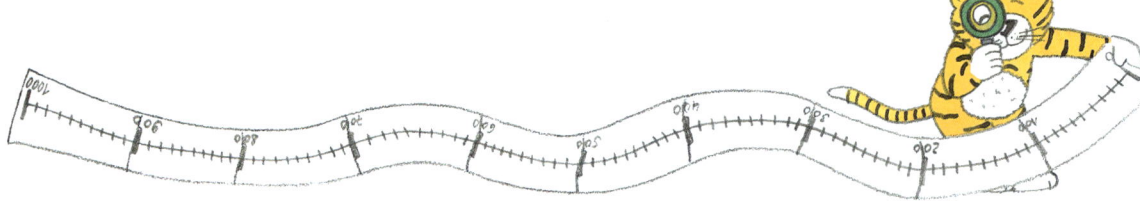

nützliche Materialien: **Zahlenstrahl (Beilage 2)**

Zahlen und ihre Nachbarn

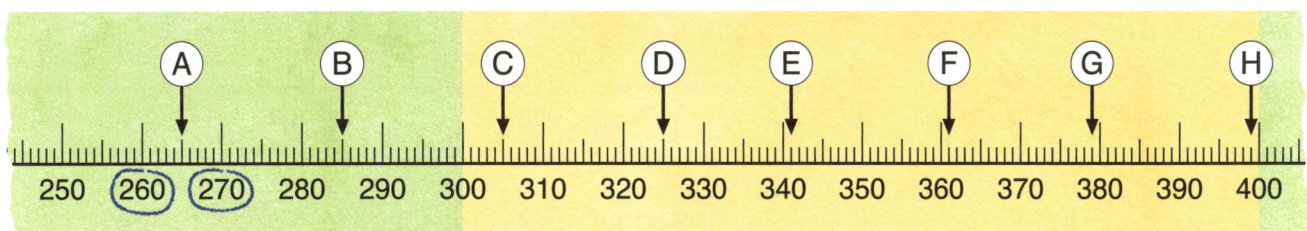

250 (260) (270) 280 290 300 310 320 330 340 350 360 370 380 390 400

① Welche Zahlen müssten bei den Buchstaben stehen?

A: 265   B: C: D:

E: F: G: H:

② Kreise nun im Zahlenstrahl die beiden Nachbarzehner der Zahlen A bis H ein.
Schreibe dann alle Zahlen in die Tabelle.

Nachbarzehner	Zahl	Nachbarzehner
260	A: 265	270
	B:	
	C:	
	D:	
	E:	
	F:	
	G:	
	H:	

③ Schreibe die Zahlen A bis H auch in diese Tabelle.
Schreibe dann den Vorgänger und den Nachfolger jeder Zahl auf.

Vorgänger	Zahl	Nachfolger
264	A: 265	266
	B:	
	C:	
	D:	
	E:	
	F:	
	G:	
	H:	

Zahlen vergleichen bis 500

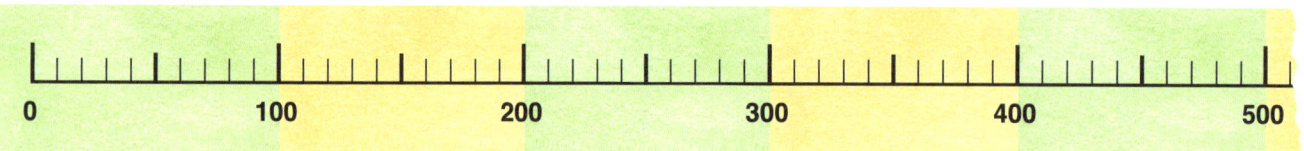

0   100   200   300   400   500

① Zeige am Zahlenstrahl, wo die Zahlen etwa liegen und vergleiche sie.
Setze die Zeichen >, < oder = ein.

a) 150 < 210　　　b) 259 ⬚ 259　　　c) 190 ⬚ 109

　　470 ⬚ 390　　　　195 ⬚ 189　　　　235 ⬚ 253

　　340 ⬚ 430　　　　476 ⬚ 467　　　　386 ⬚ 368

> ist größer als
< ist kleiner als
= ist gleich

② Ordne die Zahlen der Größe nach. Beginne mit der kleinsten Zahl.
Kontrolliere dann am Zahlenstrahl.

a)
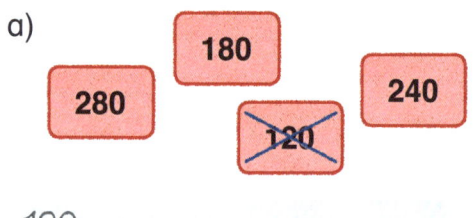

180　280　~~120~~　240

120 < ⬚ < ⬚ < ⬚

b)
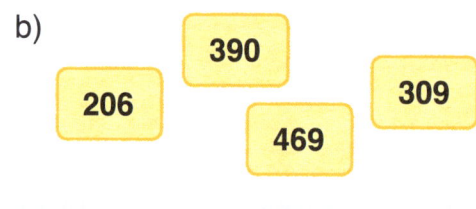

390　206　309　469

⬚ < ⬚ < ⬚ < ⬚

c)
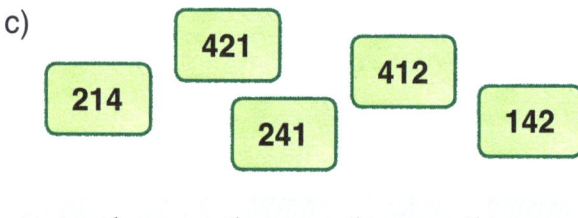

421　214　412　241　142

⬚ < ⬚ < ⬚ < ⬚ < ⬚

d)
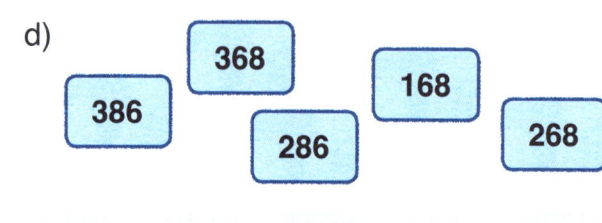

368　386　168　286　268

⬚ < ⬚ < ⬚ < ⬚ < ⬚

③ Finde die Rechenregel in den Zahlenfolgen. Beschrifte die Pfeile und setze die Folgen fort.
Kontrolliere am Zahlenstrahl.

a)
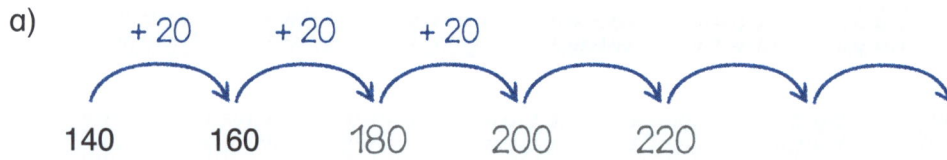

+ 20　+ 20　+ 20

140　160　180　200　220

b)
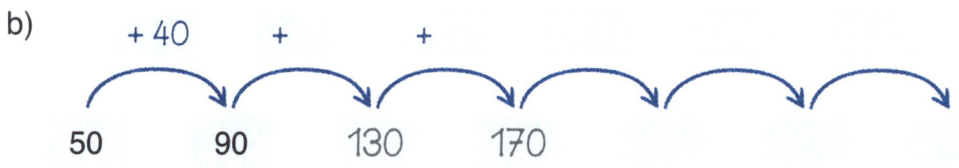

+ 40　+ ⬚　+ ⬚

50　90　130　170

c)

+ ⬚　+ ⬚　+ ⬚

20　80　140

Zahlen vergleichen bis 1 000

500	600	700	800	900	1 000

① Zeige am Zahlenstrahl, wo die Zahlen etwa liegen und vergleiche sie.
Setze die Zeichen >, < oder = ein.

a) 650 > 560   b) 555 ◯ 556   c) 768 ◯ 867

710 ◯ 690   666 ◯ 666   687 ◯ 678

830 ◯ 870   777 ◯ 747   876 ◯ 786

② Ordne die Zahlen der Größe nach. Beginne mit der größten Zahl.
Kontrolliere dann am Zahlenstrahl.

a)
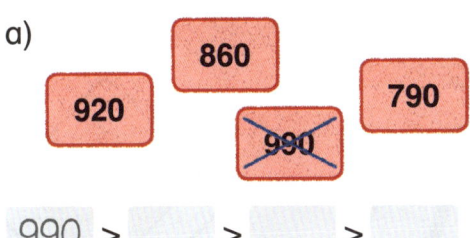

990 > ____ > ____ > ____

b)

____ > ____ > ____ > ____

c)
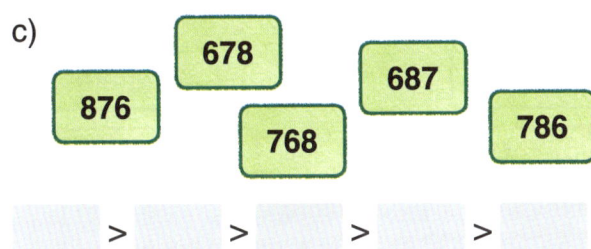

____ > ____ > ____ > ____

d)
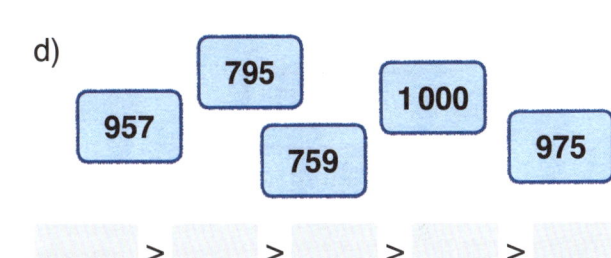

____ > ____ > ____ > ____

③ Finde die Rechenregel in den Zahlenfolgen. Beschrifte die Pfeile und setze die Folgen fort.
Kontrolliere am Zahlenstrahl.

a)
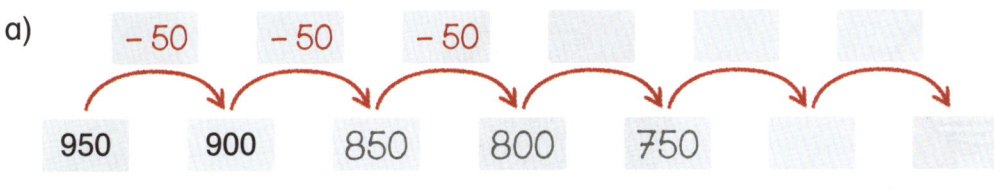

b)
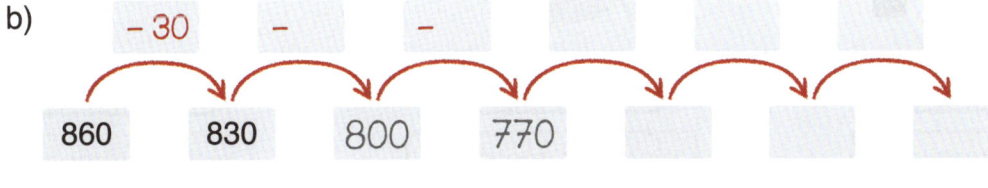

c)
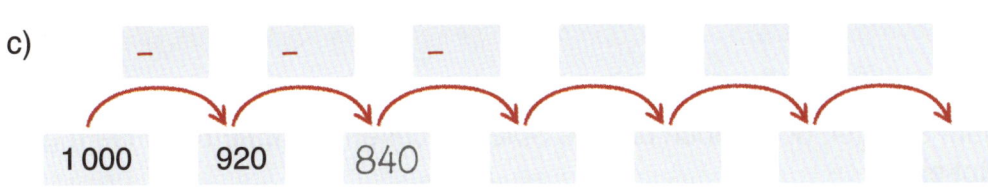

Symmetrie überprüfen

① Nimm einen Taschenspiegel und halte ihn an die rote Linie.
Sind die Bilder spiegelbildlich (symmetrisch)?

a)

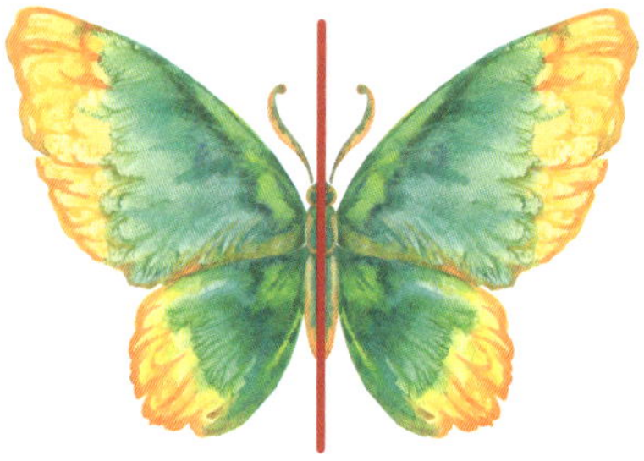

symmetrisch

~~nicht symmetrisch~~

b)

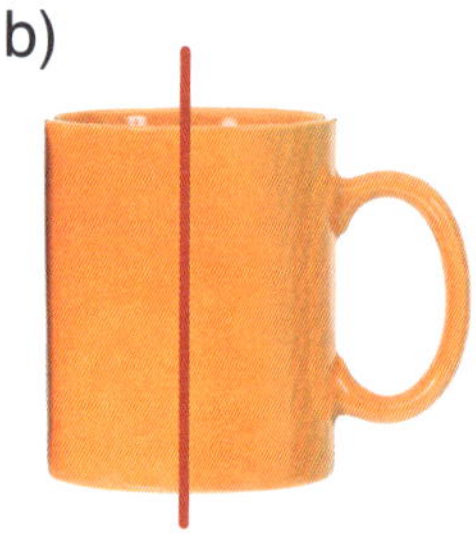

symmetrisch

nicht symmetrisch

c)

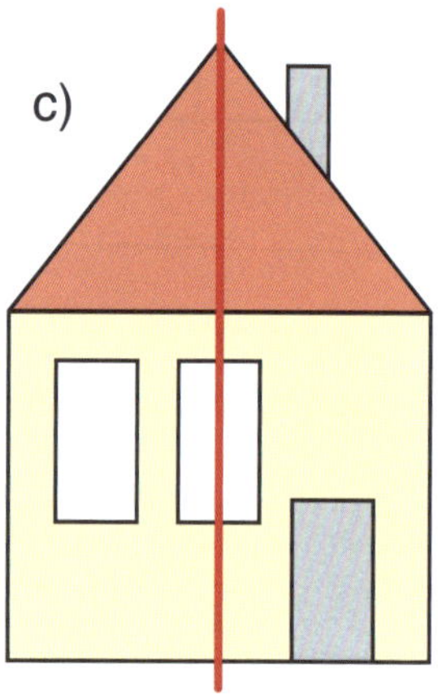

symmetrisch

nicht symmetrisch

d)

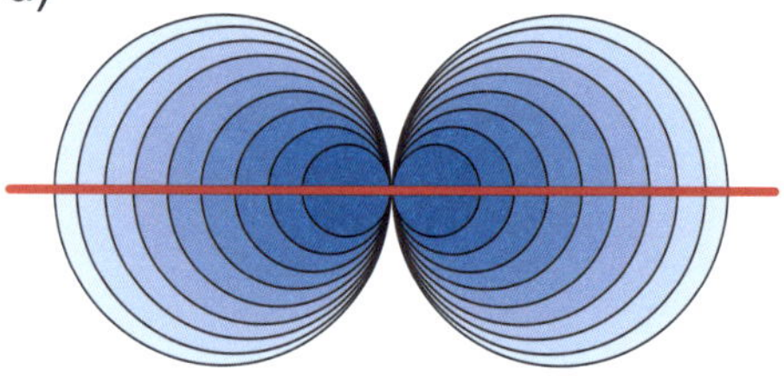

symmetrisch

nicht symmetrisch

e)

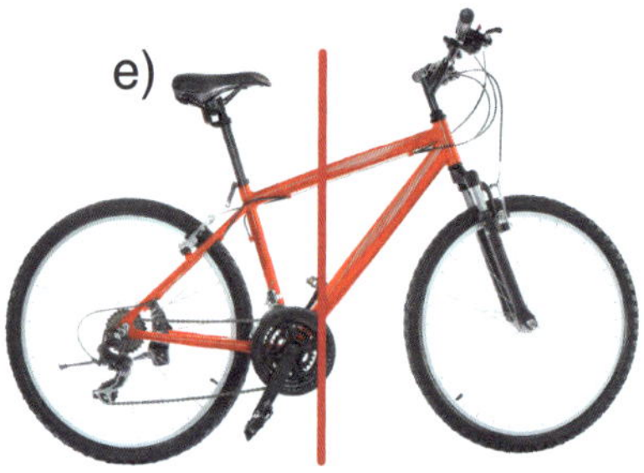

symmetrisch

nicht symmetrisch

f)

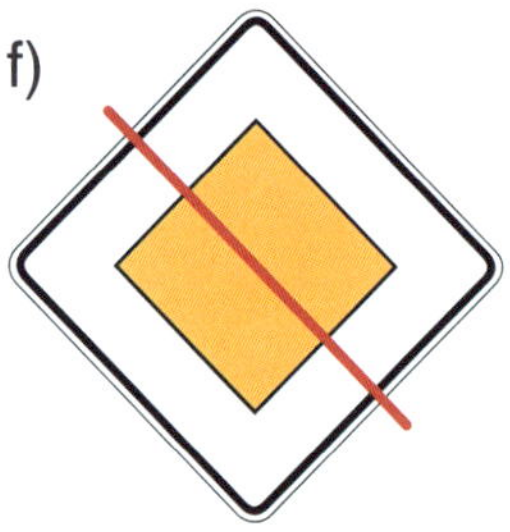

symmetrisch

nicht symmetrisch

g)

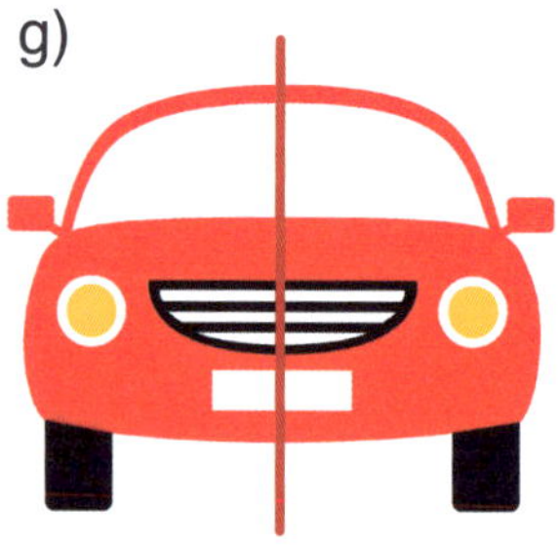

symmetrisch

nicht symmetrisch

h)

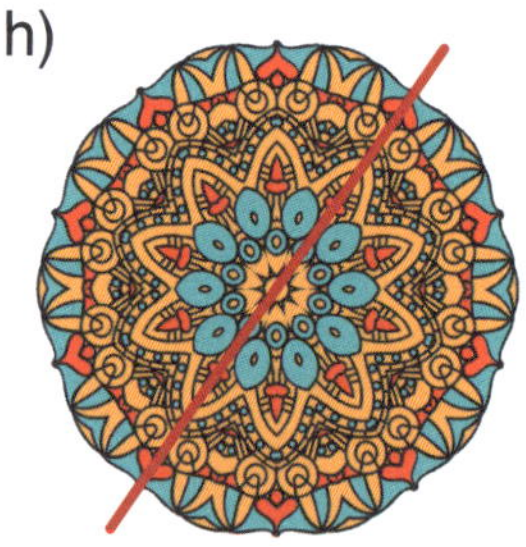

symmetrisch

nicht symmetrisch

i)

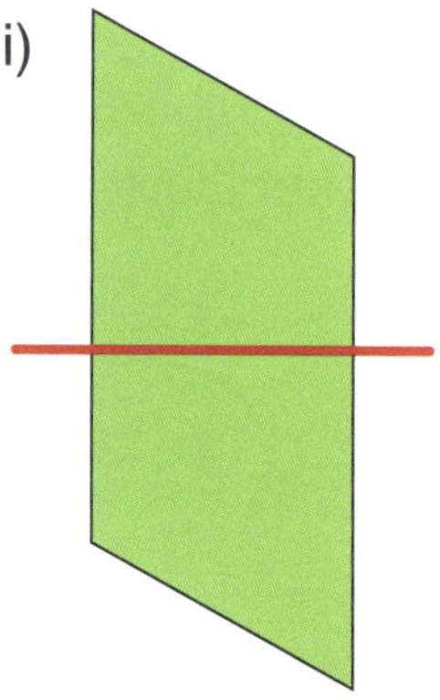

symmetrisch

nicht symmetrisch

② Untersuche mit dem Spiegel, ob es noch andere Spiegelachsen (Symmetrieachsen) gibt.
Zeichne sie mit Rot ein.

notwendige Materialien: **Taschenspiegel**

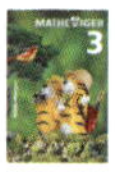

Addieren auf verschiedenen Wegen

256 + 383 =

Weg 1:

2	5	6	+	3	8	3	=	6	3	9
2	5	6	+	3	0	0	=	5	5	6
5	5	6	+		8	0	=	6	3	6
6	3	6	+			3	=	6	3	9

Weg 2:

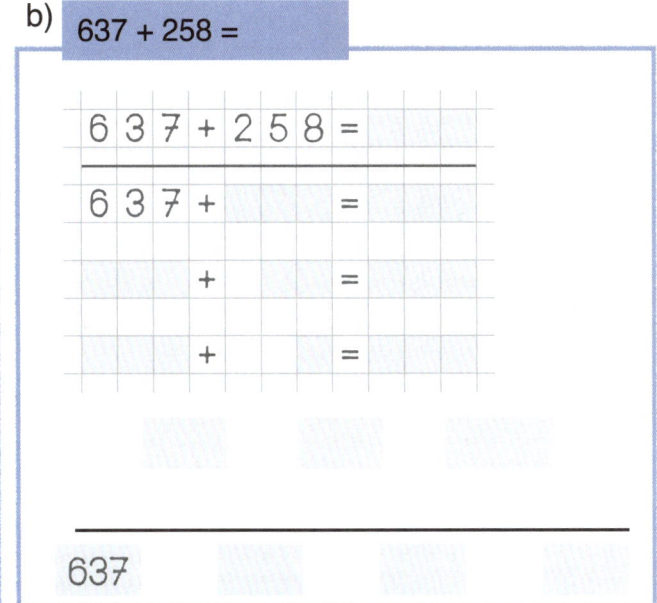

① Hier sind zwei Wege für eine „große" Addition vorgestellt.

Rechne jede Aufgabe mit beiden Wegen, wie oben gezeigt.
Du kannst ein Tausenderbuch und einen Zahlenstrahl zu Hilfe nehmen.

a) 318 + 461 =

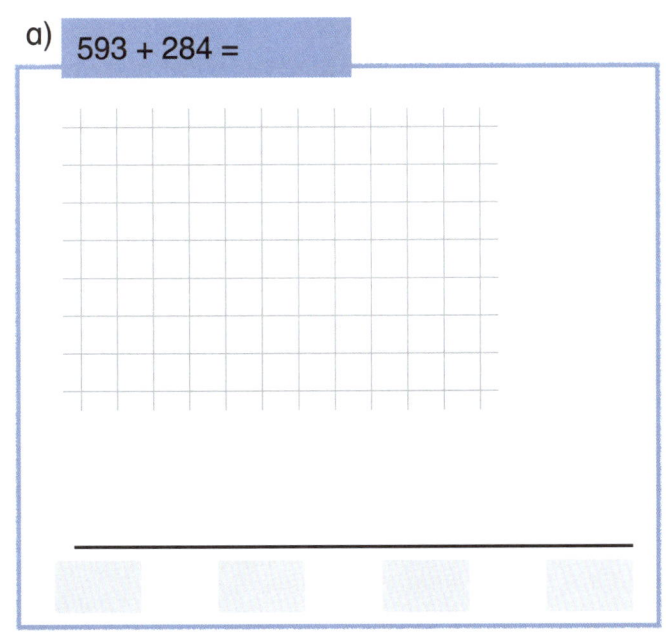

b) 637 + 258 =

6	3	7	+	2	5	8	=
6	3	7	+				=
			+				=
			+				=

637

② Welcher Weg ist dir lieber? Rechne die Aufgaben mit deinem Lieblingsweg.

a) 593 + 284 =

b) 446 + 528 =

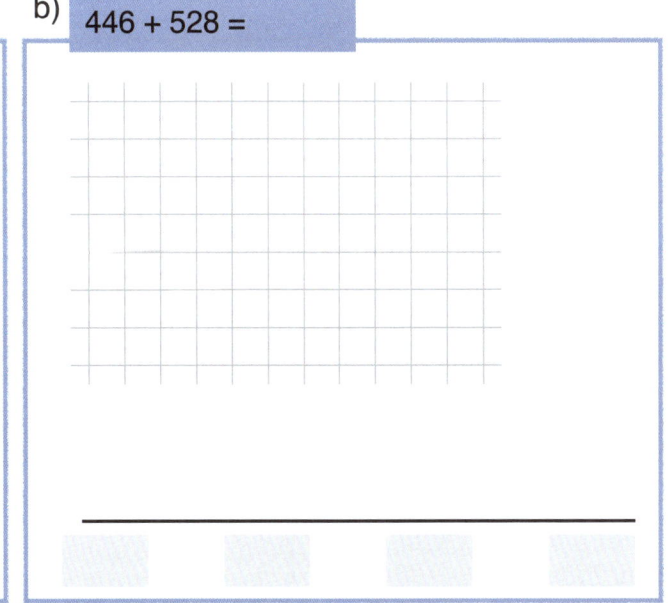

Subtrahieren auf verschiedenen Wegen

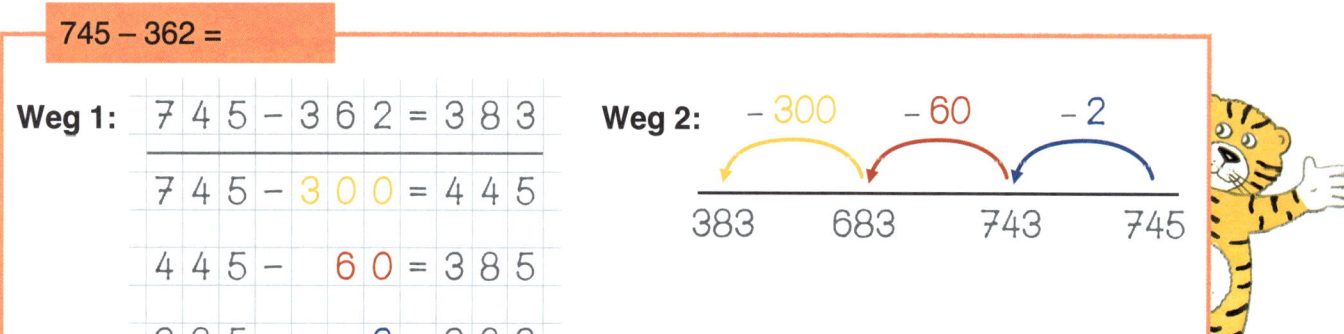

745 − 362 =

Weg 1:

7 4 5 − 3 6 2 = 3 8 3
7 4 5 − 3 0 0 = 4 4 5
4 4 5 − 6 0 = 3 8 5
3 8 5 − 2 = 3 8 3

Weg 2:

① Hier sind zwei Wege für eine „große" Subtraktion vorgestellt.

Rechne jede Aufgabe mit beiden Wegen, wie oben gezeigt.
Du kannst ein Tausenderbuch und einen Zahlenstrahl zu Hilfe nehmen.

a)

864 − 422 =

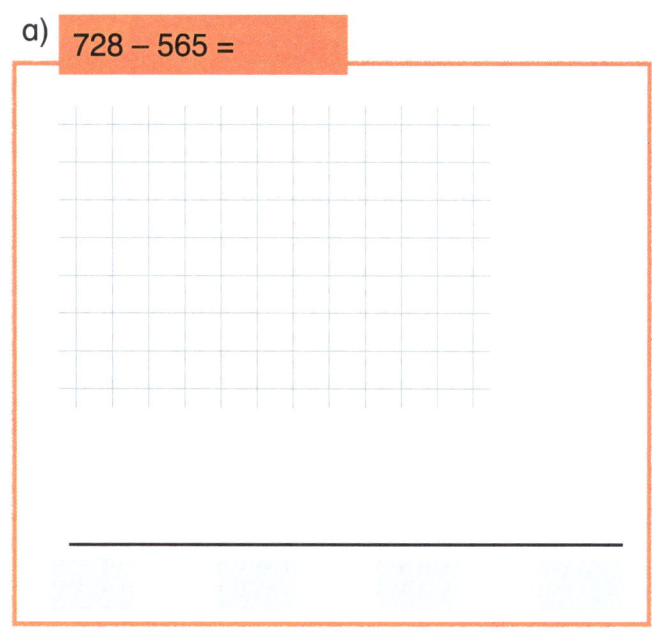

8 6 4 − 4 2 2 =
8 6 4 − 4 0 0 =
− =
− =

b)

573 − 219 =

5 7 3 − 2 1 9 =
5 7 3 − =
− =
− =

② Welcher Weg ist dir lieber? Rechne die Aufgaben mit deinem Lieblingsweg.

a)

728 − 565 =

b)

436 − 389 =

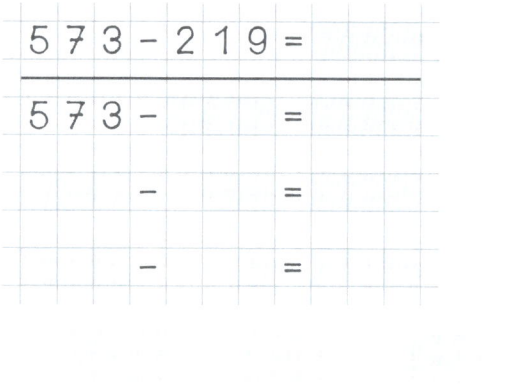

nützliche Materialien: **Zahlenstrahl (Beilage 2), Tausenderbuch**

Seite 34

Rechnen mit Trick

① Untersuche die Rechentricks.
Welche Erklärung gehört zu welchem Rechentrick? Ordne mit einem Strich zu.

Rechentrick 1	Rechentrick 2	Rechentrick 3
$257 + 398 = 655$	$105 + 538 = 643$	$473 + 217 = 643$
$257 + 400 = 657$	$538 + 105 =$	$473 + \quad 7 = 480$
$657 - \quad 2 = 655$	$538 + 100 = 638$	$480 + 10 = 490$
	$638 + \quad 5 = 643$	$490 + 200 = 690$

Mit der Tauschaufgabe kann ich einfacher rechnen.	Ich sehe mit einem Blick, dass die beiden Einer zusammen 10 ergeben. Also addiere ich zuerst die Einer.	Die zweite Zahl liegt ganz nah am Hunderter. Also addiere ich zuerst die Hunderterzahl und ziehe dann den Unterschied ab.

② Rechne die Aufgaben mit Rechentrick 1.

$427 + 299 =$	$618 + 196 =$	$364 + 397 =$
$427 + 300 =$		

③ Rechne die Aufgaben mit Rechentrick 2.

$202 + 536 =$	$404 + 379 =$	$608 + 246 =$
$536 + 202 =$		

④ Rechne die Aufgaben mit Rechentrick 3.

$342 + 458 =$	$191 + 729 =$	$375 + 285 =$
$342 + \quad 8 =$		

Geldbeträge mit Komma

① Wie viel Geld ist im Geldbeutel?
Lege die Geldbeträge mit Spielgeld und fülle die Tabellen aus.

a)

 1 €	10 ct	1 ct
5		

b)

1 €	10 ct	1 ct

c)

1 €	10 ct	1 ct

② Schreibe nun die Geldbeträge aus den Tabellen in Aufgabe 1
in gemischter und in Kommaschreibweise auf.

Das Komma trennt die Euro von den Cent.

a)   5 € 40 ct   b)   € ct   c)   € ct

= 5 , €   = , €   = , €

③ Lege die Geldbeträge mit Spielgeld. Zeichne sie dann in die Geldbeutel.
Es gibt mehrere Möglichkeiten. Trage zum Schluss die fehlenden Angaben ein.

a)

 1 €	10 ct	1 ct
4	7	1

€   ct = , €

b)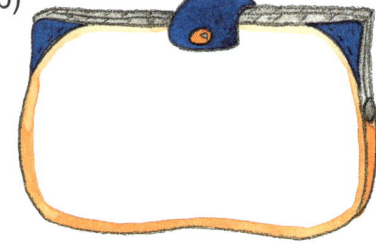

1 €	10 ct	1 ct

3 € 22 ct = , €

c)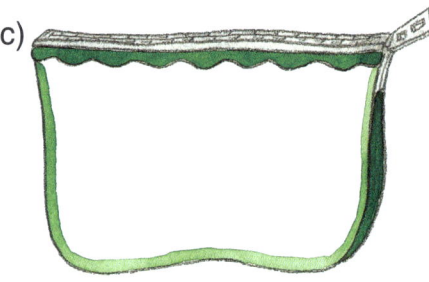

1 €	10 ct	1 ct

€   ct = 7,05 €

④ Wandle die Geldbeträge
in Euro und Cent um.

110 ct = 1 € 10 ct

240 ct = € ct

465 ct = € ct

1 387 ct = € ct

⑤ Wandle Geldbeträge
in Euro mit Komma um.

110 ct = 1,10 €

240 ct = €

465 ct = €

1 387 ct = €

⑥ Wandle Geldbeträge
in Cent um.

1,50 € = 150 ct

2,90 € = ct

5,05 € = ct

19,64 € = ct

Rückgeld berechnen

① Wie viel Geld bekommt der Mathetiger zurück?
Spiele die Rechengeschichte mit Spielgeld nach und überlege, wie die Verkäuferin das Rückgeld gibt. Fülle dann das Pfeilbild aus und schreibe die Antwort.

Pfeilbild:

$$9,00 € \xrightarrow{+\ 1,00\ €} \underline{\quad} € \xrightarrow{+\ 10,00\ €} \underline{\quad} €$$

R: 9,00 € + 11,00 € = 20,00 €

A: Der Mathetiger bekommt _____ zurück.

② Spiele auch diese Aufgaben mit Spielgeld nach.

a) Anja kauft die Spielekiste und bezahlt mit 20,00 €.
Wie viel bekommt sie zurück?

Pfeilbild:

$$13,00 € \xrightarrow{+\quad} 20,00 €$$

R: 13,00 € + _____ = 20,00 €

A: _____

b) Meret kauft die Schreibtischauflage und bezahlt mit 20,00 €.
Wie viel bekommt sie zurück?

Pfeilbild:

$$\underline{\quad} \xrightarrow{+\quad} 15,00 € \xrightarrow{+\quad} \underline{\quad}$$

R: _____ + _____ = _____

A: _____

Geldbeträge runden

Rundungsregeln:
- Wir runden immer zum näheren Betrag.
- Ist es zu beiden Beträgen gleich weit, wird aufgerundet.

Das Zeichen ≈ bedeutet „ist rund".

① Rechne zu den benachbarten vollen Eurobeträgen. Entscheide, welcher Betrag näher liegt und male ihn an. Dies ist der gerundete volle Eurobetrag.

a)

– 30 ct   + 70 ct

6 € ⟵—— 6,30 € ——⟶ 7 €

b)

⟵——— 3,60 € ———⟶

c)

⟵——— 12,40 € ———⟶

d)

⟵——— 18,55 € ———⟶

② Runde die Geldbeträge zum vollen Eurobetrag, der näher liegt.

a) 2,90 € ≈   b) 7,80 € ≈   c) 5,25 € ≈

13,40 € ≈   16,20 € ≈   12,85 € ≈

25,60 € ≈   32,10 € ≈   48,65 € ≈

③ Rechne zu den benachbarten Zehner-Eurobeträgen.
Entscheide, welcher näher liegt, und male ihn an.

a)

– 6 €   + 4 €

20 € ⟵—— 26 € ——⟶ 30 €

b)

⟵——— 32 € ———⟶

c)

⟵——— 12,50 € ———⟶

d)

⟵——— 69,30 € ———⟶

④ Runde die Geldbeträge zum vollen Zehner-Eurobetrag, der näher liegt.

a) 12 € ≈   b) 18 € ≈   c) 35,20 € ≈

33 € ≈   78 € ≈   97,10 € ≈

25 € ≈   61 € ≈   49,30 € ≈

Flächengrößen vergleichen

① Schätze, welche Fläche am größten ist.

Größte Fläche:

Ⓐ

Ⓑ

Ⓒ

② Ein Zentimeterquadrat besteht aus 4 Kästchen.
Zeichne in die Flächen von Aufgabe 1 farbige
Zentimeterquadrate wie der Mathetiger ein.
Wie viele Zentimeterquadrate passen in jede Fläche?

Fläche A:

Zentimeterquadrate

Fläche B:

Zentimeterquadrate

Fläche C:

Zentimeterquadrate

③ Welche Fläche ist die größte? Größte Fläche:

④ Vergleiche dein Ergebnis von Aufgabe 3 mit deinem Ergebnis von Aufgabe 1.

Hast du richtig geschätzt?

⑤ Zeichne in die Karofelder eine Fläche D und eine Fläche E ein.
Male dann die Zentimeterquadrate farbig an. Schreibe auf, wie groß deine Flächen sind.

Ⓓ

Ⓔ

Fläche D:　Zentimeterquadrate

Fläche E:　Zentimeterquadrate

Seite 43 – 45

Multiplizieren mit Zehnerzahlen

① Mit Zehnerzahlen kann man geschickt mit einem Trick multiplizieren.
Untersuche die Aufgaben und finde den Trick heraus. Schreibe ihn dann auf.

$5 \cdot 3 = 15$ $7 \cdot 4 = 28$ $6 \cdot 7 = 42$ $8 \cdot 5 = 40$

$5 \cdot 30 = 150$ $7 \cdot 40 = 280$ $6 \cdot 70 = 420$ $8 \cdot 50 = 400$

So geht der Trick: _____

_____

② Wende den Trick bei diesen Aufgaben an.

a) $2 \cdot 9 =$ b) $4 \cdot 6 =$ c) $3 \cdot 4 =$

   $2 \cdot 90 =$ $4 \cdot 60 =$ $3 \cdot 40 =$

Eine 0 anhängen bedeutet · 10!

d) $8 \cdot 6 =$ e) $5 \cdot 5 =$ f) $6 \cdot 3 =$

   $8 \cdot 60 =$ $5 \cdot 50 =$ $6 \cdot 30 =$

g) $2 \cdot 5 =$ h) $4 \cdot 8 =$ i) $3 \cdot 9 =$

   $2 \cdot 50 =$ $4 \cdot 80 =$ $3 \cdot 90 =$

③ Rechne zuerst die kleine Aufgabe im Kopf,
danach die große Aufgabe mit dem Trick.

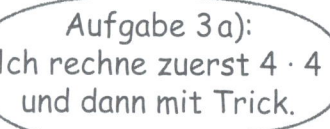

Aufgabe 3 a):
Ich rechne zuerst $4 \cdot 4$
und dann mit Trick.

a) $4 \cdot 40 =$ b) $7 \cdot 50 =$ c) $3 \cdot 80 =$

d) $6 \cdot 80 =$ e) $8 \cdot 30 =$ f) $4 \cdot 70 =$

④ Male die Aufgabe und die passende Lösung mit der gleichen Farbe an.
Die Tauschaufgaben können dir helfen.

$60 \cdot 6 =$ $70 \cdot 8 =$ 360 200

$50 \cdot 4 =$ $90 \cdot 5 =$  450 560

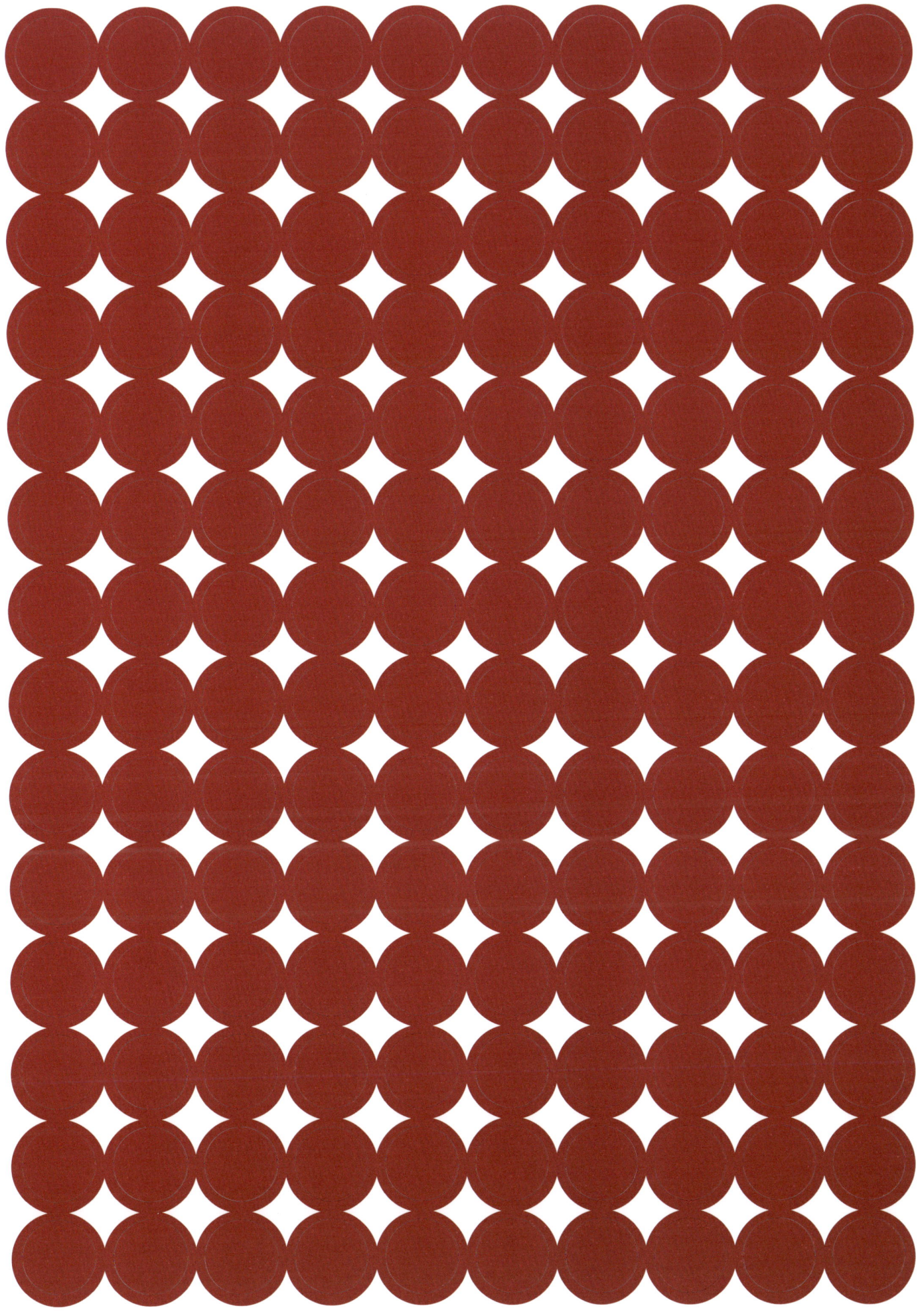

Grundlagen des Einmaleins

① Lege die Punktbilder mit den Plättchen (Beilage 1) nach.
Schreibe dann zu jedem Punktbild eine Malaufgabe und ihre Tauschaufgabe.

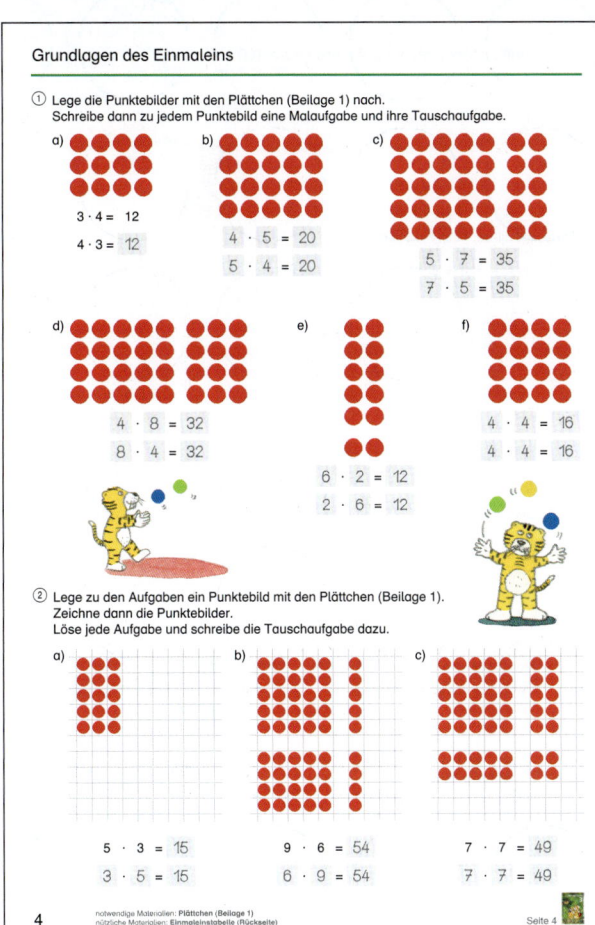

a)
$3 \cdot 4 = 12$
$4 \cdot 3 = 12$

b)
$4 \cdot 5 = 20$
$5 \cdot 4 = 20$

c)
$5 \cdot 7 = 35$
$7 \cdot 5 = 35$

d)
$4 \cdot 8 = 32$
$8 \cdot 4 = 32$

e)
$6 \cdot 2 = 12$
$2 \cdot 6 = 12$

f)
$4 \cdot 4 = 16$
$4 \cdot 4 = 16$

② Lege zu den Aufgaben ein Punktbild mit den Plättchen (Beilage 1).
Zeichne dann die Punktbilder.
Löse jede Aufgabe und schreibe die Tauschaufgabe dazu.

a)
$5 \cdot 3 = 15$
$3 \cdot 5 = 15$

b)
$9 \cdot 6 = 54$
$6 \cdot 9 = 54$

c)
$7 \cdot 7 = 49$
$7 \cdot 7 = 49$

Einmaleinsreihen üben

① Baue mit der Rechenmaschine die Einmaleinsreihen auf und sprich dazu.
Schreibe die Aufgaben auf.

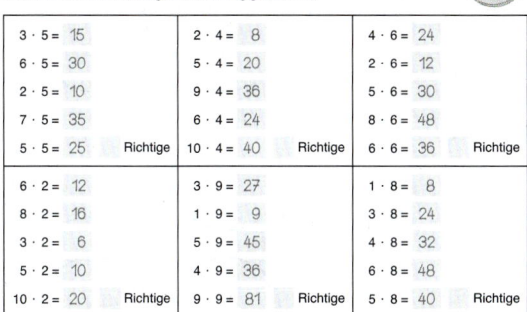

a) 3er-Reihe

$1 \cdot 3 =$	3
$2 \cdot 3 =$	6
$3 \cdot 3 =$	9
$4 \cdot 3 =$	12
$5 \cdot 3 =$	15
$6 \cdot 3 =$	18
$7 \cdot 3 =$	21
$8 \cdot 3 =$	24
$9 \cdot 3 =$	27
$10 \cdot 3 =$	30

b) 5er-Reihe

$1 \cdot 5 =$	5
$2 \cdot 5 =$	10
$3 \cdot 5 =$	15
$4 \cdot 5 =$	20
$5 \cdot 5 =$	25
$6 \cdot 5 =$	30
$7 \cdot 5 =$	35
$8 \cdot 5 =$	40
$9 \cdot 5 =$	45
$10 \cdot 5 =$	50

c) 8er-Reihe

$1 \cdot 8 =$	8
$2 \cdot 8 =$	16
$3 \cdot 8 =$	24
$4 \cdot 8 =$	32
$5 \cdot 8 =$	40
$6 \cdot 8 =$	48
$7 \cdot 8 =$	56
$8 \cdot 8 =$	64
$9 \cdot 8 =$	72
$10 \cdot 8 =$	80

1 mal 3 gleich 3
2 mal 3 gleich 6
3 mal 3 gleich …

② Baue auf diese Weise alle Einmaleinsreihen auf, die du noch nicht so gut kannst
und sprich dazu.

③ Löse jedes Aufgabenpäckchen ohne Hilfe. Du hast dafür nur 30 Sekunden Zeit.
Kontrolliere mit der Einmaleinstabelle auf der Rückseite des Heftes.
Schreibe auf, wie viele Aufgaben du richtig gelöst hast.

$3 \cdot 5 =$	15	$2 \cdot 4 =$	8	$4 \cdot 6 =$	24	
$6 \cdot 5 =$	30	$5 \cdot 4 =$	20	$2 \cdot 6 =$	12	
$2 \cdot 5 =$	10	$9 \cdot 4 =$	36	$5 \cdot 6 =$	30	
$7 \cdot 5 =$	35	$6 \cdot 4 =$	24	$8 \cdot 6 =$	48	
$5 \cdot 5 =$	25 Richtige	$10 \cdot 4 =$	40 Richtige	$6 \cdot 6 =$	36 Richtige	

$6 \cdot 2 =$	12	$3 \cdot 9 =$	27	$1 \cdot 8 =$	8	
$8 \cdot 2 =$	16	$1 \cdot 9 =$	9	$3 \cdot 8 =$	24	
$3 \cdot 2 =$	6	$5 \cdot 9 =$	45	$4 \cdot 8 =$	32	
$5 \cdot 2 =$	10	$4 \cdot 9 =$	36	$6 \cdot 8 =$	48	
$10 \cdot 2 =$	20 Richtige	$9 \cdot 9 =$	81 Richtige	$5 \cdot 8 =$	40 Richtige	

Dividieren – verteilen

① Verteile Steckwürfel auf Blätter.
Wie viele Steckwürfel sind auf jedem Blatt?
Schreibe die Lösung auf.

a) Verteile 35 Steckwürfel auf 5 Blätter. $35 : 5 = 7$

b) Verteile 18 Steckwürfel auf 3 Blätter. $18 : 3 = 6$

c) Verteile 24 Steckwürfel auf 4 Blätter. $24 : 4 = 6$

d) Verteile 42 Steckwürfel auf 7 Blätter. $42 : 7 = 6$

e) Verteile 72 Steckwürfel auf 9 Blätter. $72 : 9 = 8$

f) Verteile 30 Steckwürfel auf 6 Blätter. $30 : 6 = 5$

② Wie viele Punkte sind in jedem Kreis?
Zeichne zu jeder Aufgabe ein Punktbild und finde die passende Geteiltaufgabe.

a) Verteile 21 Punkte in 3 Kreise. $21 : 3 = 7$

b) Verteile 24 Punkte in 6 Kreise. $24 : 6 = 4$

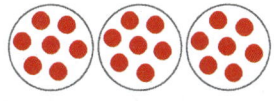

③ Löse die Aufgaben.
Überprüfe deine Lösungen seit Steckwürfeln oder Plättchen (Beilage 1).

a) $15 : 5 = 3$ b) $16 : 4 = 4$

c) $27 : 3 = 9$ d) $40 : 8 = 5$

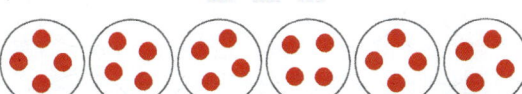

Dividieren – aufteilen

① Teile Steckwürfel auf Blätter auf.
Wie viele Blätter brauchst du?
Schreibe die Lösung auf.

a) Lege 24 Steckwürfel, immer 8 auf ein Blatt. $24 : 8 = 3$

b) Lege 56 Steckwürfel, immer 7 auf ein Blatt. $56 : 7 = 8$

c) Lege 28 Steckwürfel, immer 4 auf ein Blatt. $28 : 4 = 7$

d) Lege 36 Steckwürfel, immer 9 auf ein Blatt. $36 : 9 = 4$

e) Lege 64 Steckwürfel, immer 8 auf ein Blatt. $64 : 8 = 8$

f) Lege 42 Steckwürfel, immer 6 auf ein Blatt. $42 : 6 = 7$

② Zeichne zu jeder Aufgabe ein Punktbild und finde die passende Geteiltaufgabe.
Wie viele Kreise musst du zeichnen?

a) Zeichne 25 Punkte, immer 5 in einen Kreis. $25 : 5 = 5$

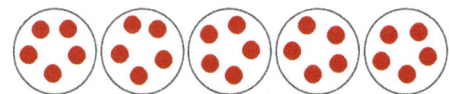

b) Zeichne 48 Punkte, immer 8 in einen Kreis. $48 : 8 = 6$

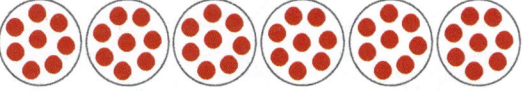

③ Löse die Aufgaben.
Überprüfe deine Lösungen mit Steckwürfeln oder Plättchen (Beilage 1).

a) $45 : 9 = 5$ b) $54 : 6 = 9$

c) $49 : 7 = 7$ d) $16 : 2 = 8$

Lösungen Seite 8 – 11

Addieren im Zahlenraum bis 100

① Rechne mit der Rechenmaschine und schreibe die Lösungen auf.

a)	25 + 4 = 29	b)	67 + 7 = 74	c)	30 + 23 = 53
	25 + 5 = 30		68 + 5 = 73		30 + 38 = 68
	25 + 7 = 32		68 + 4 = 72		30 + 41 = 71
	25 + 8 = 33		69 + 8 = 77		30 + 16 = 46
	25 + 9 = 34		69 + 6 = 75		30 + 54 = 84

d)	23 + 8 = 31	e)	64 + 7 = 71	f)	70 + 13 = 83	g)	20 + 28 = 48
	42 + 9 = 51		19 + 3 = 22		60 + 35 = 95		30 + 27 = 57
	77 + 6 = 83		85 + 6 = 91		50 + 41 = 91		40 + 56 = 96
	56 + 4 = 60		42 + 8 = 50		40 + 16 = 56		50 + 19 = 69
	39 + 7 = 46		76 + 5 = 81		30 + 24 = 54		60 + 32 = 92

② Schau genau auf die Aufgabenreihen.
Rechne die Aufgaben dann ohne Rechenmaschine.

a)	20 + 30 = 50	b)	34 + 10 = 44	c)	41 + 20 = 61	d)	52 + 10 = 62
	20 + 40 = 60		34 + 30 = 64		41 + 22 = 63		52 + 13 = 65
	20 + 60 = 80		34 + 50 = 84		41 + 25 = 66		52 + 14 = 66
	20 + 70 = 90		45 + 20 = 65		41 + 27 = 68		52 + 16 = 68
	20 + 80 = 100		45 + 40 = 85		41 + 28 = 69		52 + 17 = 69

e)	13 + 30 = 43	f)	60 + 20 = 80	g)	15 + 50 = 65	h)	71 + 12 = 83
	13 + 32 = 45		60 + 24 = 84		16 + 50 = 66		72 + 12 = 84
	13 + 33 = 46		60 + 26 = 86		18 + 50 = 68		74 + 12 = 86
	13 + 35 = 48		60 + 28 = 88		19 + 50 = 69		77 + 12 = 89
	13 + 36 = 49		60 + 30 = 90		20 + 50 = 70		78 + 12 = 90

Halbschriftlich addieren im Zahlenraum bis 100

3 8 + 2 6 = 6 4	Den langen Weg rechnen:
3 8 + 2 0 = 5 8	Addiere zuerst die Zehner.
5 8 + 6 = 6 4	Addiere dann die Einer.

adieren plus ⊕
subtrahieren minus ⊖

① Rechne mit der Rechenmaschine.

a)
2 4 + 1 3 = 3 7
2 4 + 1 0 = 3 4
3 4 + 3 = 3 7

b)
7 7 + 1 8 = 9 5
7 7 + 1 0 = 8 7
8 7 + 8 = 9 5

c)
5 7 + 2 2 = 7 9
5 7 + 2 0 = 7 7
7 7 + 2 = 7 9

d)
3 4 + 5 1 = 8 5
3 4 + 5 0 = 8 4
8 4 + 1 = 8 5

e)
4 3 + 4 9 = 9 2
4 3 + 4 0 = 8 3
8 3 + 9 = 9 2

f)
5 3 + 3 7 = 9 0
5 3 + 3 0 = 8 3
8 3 + 7 = 9 0

g)
3 6 + 2 4 = 6 0
3 6 + 2 0 = 5 6
5 6 + 4 = 6 0

h)
2 5 + 4 8 = 7 3
2 5 + 4 0 = 6 5
6 5 + 8 = 7 3

i)
4 4 + 3 9 = 8 3
4 4 + 3 0 = 7 4
7 4 + 9 = 8 3

② Lies die Aufgabe laut. Finde eine passende Rechnung und schreibe sie auf.
Schreibe zum Schluss einen Antwortsatz.

a) David hat 34 Autos, Jessica hat 47 Autos.

F: Wie viele Autos haben die beiden zusammen?

R: 3 4 + 4 7 = 8 1
    3 4 + 4 0 = 7 4
    7 4 + 7 = 8 1

A: Zusammen haben sie 81 Autos.

b) Sarah hat 49 Perlen, Elias nur 26.

F: Wie viele Perlen haben die beiden zusammen?

R: 4 9 + 2 6 = 7 5
    4 9 + 2 0 = 6 9
    6 9 + 6 = 7 5

A: Sarah und Elias haben haben zusammen 75 Perlen.

Subtrahieren im Zahlenraum bis 100

① Rechne mit der Rechenmaschine und schreibe die Lösung auf.

a)	34 – 2 = 32	b)	51 – 3 = 48	c)	80 – 6 = 74	d)	35 – 6 = 29
	34 – 4 = 30		51 – 8 = 43		80 – 9 = 71		41 – 4 = 37
	34 – 6 = 28		51 – 6 = 45		80 – 4 = 76		54 – 8 = 46
	34 – 7 = 27		51 – 5 = 46		80 – 7 = 73		63 – 5 = 58
	34 – 9 = 25		51 – 7 = 44		80 – 5 = 75		72 – 3 = 69

e)	97 – 7 = 90	f)	70 – 45 = 25	g)	46 – 20 = 26
	86 – 8 = 78		50 – 21 = 29		59 – 30 = 29
	73 – 4 = 69		30 – 17 = 13		73 – 50 = 23
	61 – 9 = 52		60 – 38 = 22		81 – 40 = 41
	52 – 6 = 46		80 – 54 = 26		97 – 60 = 37

Tipp für Aufgabe 1g):
Nimm die Zehner von oben weg.

② Schau genau auf die Aufgabenreihen.
Rechne die Aufgaben dann ohne Rechenmaschine.

a)	80 – 20 = 60	b)	60 – 10 = 50	c)	59 – 20 = 39	d)	46 – 6 = 40
	80 – 30 = 50		60 – 15 = 45		59 – 22 = 37		46 – 8 = 38
	80 – 40 = 40		60 – 20 = 40		59 – 24 = 35		46 – 10 = 36
	80 – 50 = 30		60 – 25 = 35		59 – 26 = 33		46 – 12 = 34
	80 – 60 = 20		60 – 30 = 30		59 – 28 = 31		46 – 14 = 32

③ Verbinde die Zahlen der Größe nach. Beginne bei 35.

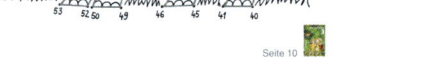

Halbschriftlich subtrahieren im Zahlenraum bis 100

5 3 – 2 5 = 2 8	Den langen Weg rechnen:
5 3 – 2 0 = 3 3	Subtrahiere zuerst die Zehner.
3 3 – 5 = 2 8	Subtrahiere dann die Einer.

subtrahieren minus ⊖
addieren plus ⊕

① Rechne mit der Rechenmaschine.

a)
3 8 – 1 5 = 2 3
3 8 – 1 0 = 2 8
2 8 – 5 = 2 3

b)
6 4 – 3 6 = 2 8
6 4 – 3 0 = 3 4
3 4 – 6 = 2 8

c)
4 9 – 2 6 = 2 3
4 9 – 2 0 = 2 9
2 9 – 6 = 2 3

d)
5 4 – 3 2 = 2 2
5 4 – 3 0 = 2 4
2 4 – 2 = 2 2

e)
8 5 – 5 7 = 2 8
8 5 – 5 0 = 3 5
3 5 – 7 = 2 8

f)
9 0 – 6 1 = 2 9
9 0 – 6 0 = 3 0
3 0 – 1 = 2 9

g)
7 2 – 4 5 = 2 7
7 2 – 4 0 = 3 2
3 2 – 5 = 2 7

h)
5 7 – 3 9 = 1 8
5 7 – 3 0 = 2 7
2 7 – 9 = 1 8

i)
3 4 – 2 6 = 8
3 4 – 2 0 = 1 4
1 4 – 6 = 8

② Fülle die Tabellen aus.

a)

–	2	3	5	6
6	4	3	1	0
16	14	13	11	10

b)

–	3	5	6	8
9	6	4	3	1
19	16	14	13	11

Rechne schlau:
6 – 2 = 4
16 – 2 = 14

c)

–	1	4	6	7
8	7	4	2	1
28	27	24	22	21

d)

–	2	4	5	7
7	5	3	2	0
37	35	33	32	30

Lösungen Seite 12 – 15

Sachaufgaben – Rechnung finden

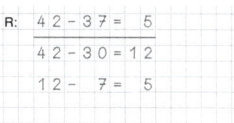

Achtung!
- Finde eine Rechnung.
- Löse die Rechnung.
- Lies nochmals die Frage und schreibe eine passende Antwort.

Spiele alle Aufgaben mit Steckwürfeln oder Plättchen (Beilage 1).

① Der Bäcker legt am Morgen 34 Brezeln und am Nachmittag nochmals 29 Brezeln ins Regal.

F: Wie viele Brezeln legt der Bäcker insgesamt ins Regal?

R: 34 + 29 = 63
    34 + 20 = 54
    54 + 9 = 63

A: Der Bäcker legt insgesamt 63 Brezeln ins Regal.

② Im Regal sind 42 Brötchen. Bis zum Mittag werden 37 Brötchen verkauft.

F: Wie viele Brötchen sind noch da?

R: 42 − 37 = 5
    42 − 30 = 12
    12 − 7 = 5

A: Es sind noch 5 Brötchen da.

③ Im Schaufenster stehen 6 Teller. Auf jedem Teller sind 5 Stücke Kuchen.

F: Wie viele Stücke Kuchen sind das insgesamt?

R: 6 · 5 = 30

A: Es sind insgesamt 30 Stücke Kuchen.

④ Die Verkäuferin packt 15 kleine Brote in 5 Tüten.

F: Wie viele Brote kommen in jede Tüte?

R: 15 : 5 = 3

A: In jede Tüte kommen 3 Brote.

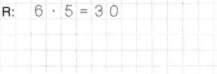
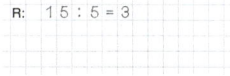

12   notwendige Materialien: **Steckwürfel** (alternativ: Plättchen der Beilage 1)   Seite 12

Uhrzeiten kennen – mit Uhrzeiten rechnen

 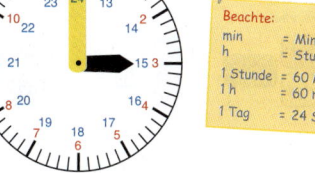

Beachte:

min	= Minute
h	= Stunde
1 Stunde	= 60 Minuten
1 h	= 60 min
1 Tag	= 24 Stunden

① Wie spät ist es?
Nimm eine Lernuhr zu Hilfe und stelle die Uhrzeiten ein.
Schreibe immer beide Uhrzeiten auf.

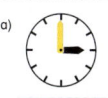 

a)	b)	c)	d)
3.00 Uhr	3.30 Uhr	5.15 Uhr	6.10 Uhr
15.00 Uhr	15.30 Uhr	17.15 Uhr	18.10 Uhr

② Stelle die Uhrzeit auf der Lernuhr ein.
Zeichne die Zeiger ein und schreibe die zweite Uhrzeit auf.

a)	b)	c)	d)
11.00 Uhr	9.15 Uhr	2.45 Uhr	4.50 Uhr
23.00 Uhr	21.15 Uhr	14.45 Uhr	16.50 Uhr

③ Stelle an der Lernuhr ein, wie die Zeit vergeht und schreibe die Endzeiten auf.

a) 7.00 Uhr —5 h→ 12.00 Uhr   b) 14.00 Uhr —3 h→ 17.00 Uhr

c) 19.00 Uhr —4 h→ 23.00 Uhr   d) 4.30 Uhr —2 h→ 6.30 Uhr

e) 8.30 Uhr —1 h 15 min→ 9.45 Uhr   f) 11.50 Uhr —4 h 10 min→ 16.00 Uhr

Seite 14   notwendige Materialien: **Lernuhr**   13

Zeichen mit dem Lineal

Tipps zum Zeichnen:
- Spitze den Bleistift.
- Lege das Lineal genau an.
- Halte das Lineal mit gespreizten Fingern.
- Kontrolliere nochmals.
- Ziehe die Linie.

① Zeichne die Formen ab. Beachte die Tipps.

Ⓐ

Ⓑ

Ⓒ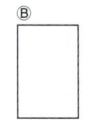

Ⓓ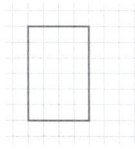

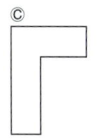 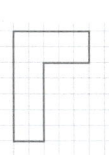 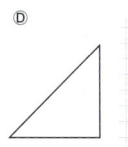 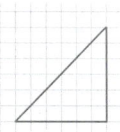

② Zeichne die Figur ab.

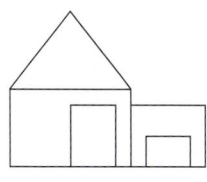 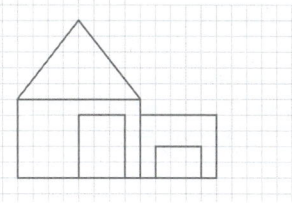

14   Seite 15

Geschickt zählen bis 1 000

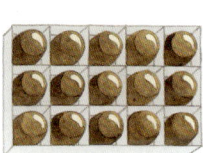 

① Wie viele Schokoküsse sind insgesamt in allen Schachteln? Schätze.

geschätzt: ___ (individuell)

Tipps zum geschickten Zählen:
- Zähle die Schokoküsse in einer Schachtel.
- Zähle die Schachteln.
- Schreibe auf, wie viele Schokoküsse in einer, in zwei, in vier usw. Schachteln sind. Verdopple jeweils die Menge oder addiere zwei Ergebnisse.

② Zähle.

So viele Schokoküsse sind es:

1 Schachtel:	15 Schokoküsse	8 Schachteln:	120 Schokoküsse
2 Schachteln:	30 Schokoküsse	12 Schachteln:	180 Schokoküsse
4 Schachteln:	60 Schokoküsse	13 Schachteln:	195 Schokoküsse

③ In einer Schachtel sind 40 Büroklammern. Wie viele Büroklammern sind das insgesamt? Schätze.

geschätzt: ___ (individuell)

④ Schreibe wie bei Aufgabe 2 auf.

Einzelne Büroklammern:	8 Büroklammern
1 Schachtel:	4 0 Büroklammern
2 Schachteln:	8 0 Büroklammern
4 Schachteln:	1 6 0 Büroklammern
8 Schachteln:	3 2 0 Büroklammern
12 Schachteln:	4 8 0 Büroklammern

Insgesamt sind das 488 Büroklammern.

 Seite 18   15

Stellenwerte – Hunderter, Zehner, Einer

① Die Symbolkarten für Hunderter, Zehner und Einer sind in den Farben Gelb, Rot und Blau angemalt. Male die Wortkarten, die Stellenwertkarten und die Zahlenkarten mit der passenden Farbe an.

Symbolkarten Wortkarten Stellenwertkarten Zahlenkarten

Zehner · Einer · Hunderter | E · H · Z | 100 · 10 · 1

② Wie viele Einer sind es?

a) 5 Einer
= 5 E
= 5

b) 3 Einer
= 3 E
= 3

c) 7 Einer
= 7 E
= 7

③ Wie viele Zehner sind es?

a) 4 Zehner
= 4 Z
= 40

b) 5 Zehner
= 5 Z
= 50

c) 3 Zehner
= 3 Z
= 30

④ Wie viele Hunderter sind es?

a) 4 Hunderter
= 4 H
= 400

b) 2 Hunderter
= 2 H
= 200

⑤ Welche Zahlen sind hier dargestellt?
Trage sie in die Stellenwerttabelle ein und schreibe als Zahl.

a)
H	Z	E
3	2	5

Zahl: 325

b)
H	Z	E
5	4	2

Zahl: 542

c)
H	Z	E
4	3	6

Zahl: 436

16   Seite 19

Zahlwörter

① Lies die Zahlwörter. Schreibe die Stellenwerte und die Zahlen auf.

a)
drei und siebzig = 7 Z 3 E = 73
fünf und vierzig = 4 Z 5 E = 45
acht und zwanzig = 2 Z 8 E = 28
vier und sechzig = 6 Z 4 E = 64

Achtung: Die Sprechweise und die Schreibweise sind unterschiedlich.

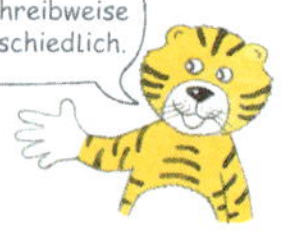

b)
vierhundert sechs und neunzig = 4 H 9 Z 6 E = 496
zweihundert ein und fünfzig = 2 H 5 Z 1 E = 251
achthundert neun und dreißig = 8 H 3 Z 9 E = 839
siebenhundert zwei und achtzig = 7 H 8 Z 2 E = 782

c) Hier fehlen Stellenwerte bei den Zahlwörtern.

fünfhundert sieben = 5 H 0 Z 7 E = 507
sechshundert drei = 6 H 0 Z 3 E = 603
neunhundert zehn = 9 H 1 Z 0 E = 910
einhundert vierzig = 1 H 4 Z 0 E = 140

Wenn bei den Zahlwörtern ein Stellenwert fehlt, dann schreiben wir 0.

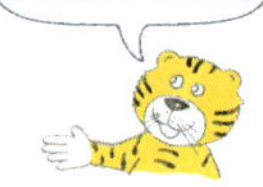

d) Bei diesen Zahlwörtern musst du aufpassen.

dreihundert zwölf = 3 H 1 Z 2 E = 312
sechshundert sechzehn = 6 H 1 Z 6 E = 616
fünfhundert elf = 5 H 1 Z 1 E = 511
achthundert siebzehn = 8 H 1 Z 7 E = 817

Zwölf, das sind 1 Z und 2 E!

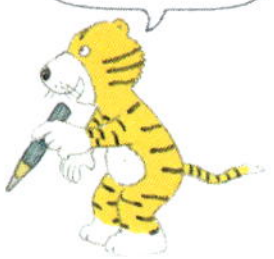

Seite 21   17

Zahlen im Zahlenfeld

① In jeder Zeile dieses Zahlenfeldes ist eine Zahl falsch.
Streiche sie durch und schreibe die richtigen Zahlen neben die Tabelle.

201	202	203	204	205	206	~~205~~	208	209	210	207
211	212	213	~~214~~	215	216	217	218	219	220	214
221	222	223	224	225	226	227	228	229	~~240~~	230
~~230~~	232	233	234	235	236	237	238	239	240	231
241	242	243	244	~~254~~	246	247	248	249	250	245
251	252	253	254	255	256	257	258	~~249~~	260	259
261	262	263	264	265	~~299~~	267	268	269	270	266
271	~~282~~	273	274	275	276	277	278	279	280	272
281	282	283	284	285	~~289~~	287	288	289	290	286
291	292	293	294	295	296	297	~~296~~	299	300	298

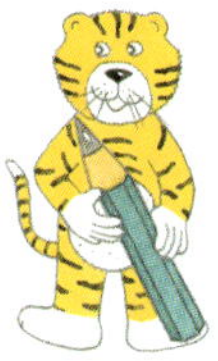

② Finde jeweils die Zahl im Zahlenfeld und schreibe ihre vier richtigen Nachbarn auf.

254
263 | 264 | 265
274

202
211 | 212 | 213
222

228
237 | 238 | 239
248

277
286 | 287 | 288
297

③ Decke das Zahlenfeld bei Aufgabe 1 ab.
Schreibe nun jeweils die vier Nachbarn auswendig auf.
Kontrolliere mit dem Zahlenfeld.

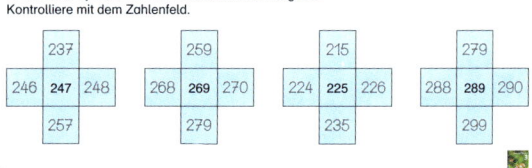

237
246 | 247 | 248
257

259
268 | 269 | 270
279

215
224 | 225 | 226
235

279
288 | 289 | 290
299

18   Seite 22

Rechnen im Zahlenfeld

401	402	403	404	405	406	407	408	409	410
411	412	413	414	415	416	417	418	419	420
421	422	423	424	425	426	427	428	429	430
431	432	433	434	435	436	437	438	439	440
441	442	443	444	445	446	447	448	449	450
451	452	453	454	455	456	457	458	459	460
461	462	463	464	465	466	467	468	469	470
471	472	473	474	475	476	477	478	479	480
481	482	483	484	485	486	487	488	489	490
491	492	493	494	495	496	497	498	499	500

① Wo beginnt der blaue Pfeil, wo endet er?
Schreibe Rechnungen auf, die zu den Pfeilen passen.

413 + 4 = 417
432 + 6 = 438
441 + 3 = 444
466 + 4 = 470
472 + 7 = 479
491 + 9 = 500

601	602	603	604	605	606	607	608	609	610
611	612	613	614	615	616	617	618	619	620
621	622	623	624	625	626	627	628	629	630
631	632	633	634	635	636	637	638	639	640
641	642	643	644	645	646	647	648	649	650
651	652	653	654	655	656	657	658	659	660
661	662	663	664	665	666	667	668	669	670
671	672	673	674	675	676	677	678	679	680
681	682	683	684	685	686	687	688	689	690
691	692	693	694	695	696	697	698	699	700

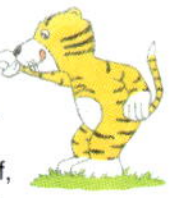

② Wo beginnt der rote Pfeil, wo endet er?
Schreibe Rechnungen auf, die zu den Pfeilen passen.

612 + 20 = 632
624 + 50 = 674
665 + 30 = 695
607 + 70 = 677
629 + 40 = 669
610 + 90 = 700

③ Ergänze zum nächsten Zehner.
Benutze die Zahlenfelder als Hilfe.

415 + 5 = 420   621 + 9 = 630
437 + 3 = 440   639 + 1 = 640
441 + 9 = 450   653 + 7 = 660
474 + 6 = 480   682 + 8 = 690

④ Ergänze zum nächsten Hunderter.
Benutze die Zahlenfelder als Hilfe.

430 + 70 = 500   678 + 22 = 700
460 + 40 = 500   619 + 81 = 700
480 + 20 = 500   665 + 35 = 700
490 + 10 = 500   681 + 19 = 700

Seite 23   19

Zahlen am Zahlenstrahl

① Lies auf jedem Zahlenstrahl die Zahlen, die abgedruckt sind.

② Schreibe die nicht abgedruckten Zahlen auf und sprich sie laut.

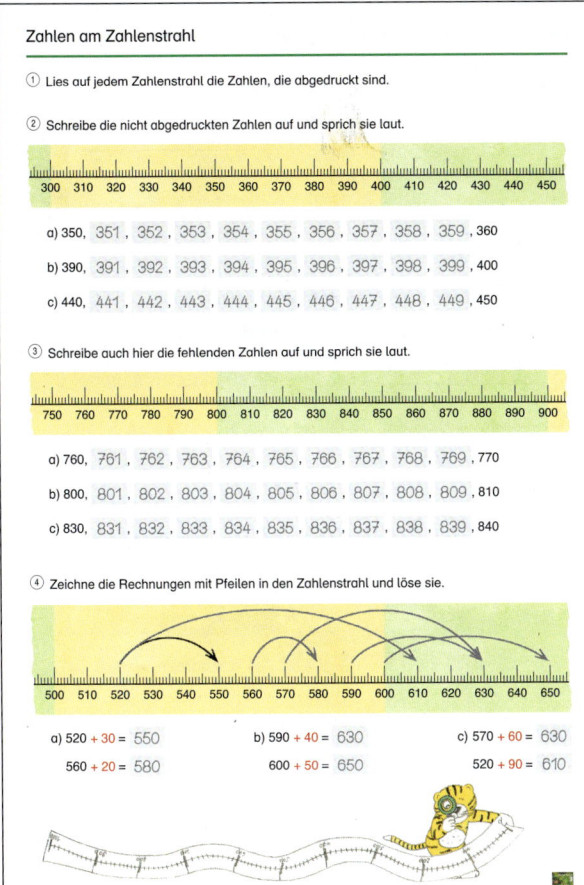

300 310 320 330 340 350 360 370 380 390 400 410 420 430 440 450

a) 350, 351, 352, 353, 354, 355, 356, 357, 358, 359, 360

b) 390, 391, 392, 393, 394, 395, 396, 397, 398, 399, 400

c) 440, 441, 442, 443, 444, 445, 446, 447, 448, 449, 450

③ Schreibe auch hier die fehlenden Zahlen auf und sprich sie laut.

750 760 770 780 790 800 810 820 830 840 850 860 870 880 890 900

a) 760, 761, 762, 763, 764, 765, 766, 767, 768, 769, 770

b) 800, 801, 802, 803, 804, 805, 806, 807, 808, 809, 810

c) 830, 831, 832, 833, 834, 835, 836, 837, 838, 839, 840

④ Zeichne die Rechnungen mit Pfeilen in den Zahlenstrahl und löse sie.

500 510 520 530 540 550 560 570 580 590 600 610 620 630 640 650

a) 520 + 30 = 550　　b) 590 + 40 = 630　　c) 570 + 60 = 630

560 + 20 = 580　　600 + 50 = 650　　520 + 90 = 610

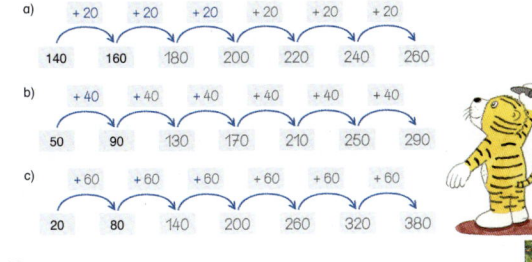

20　nützliche Materialien: **Zahlenstrahl (Beilage 2)**　Seite 24

Zahlen und ihre Nachbarn

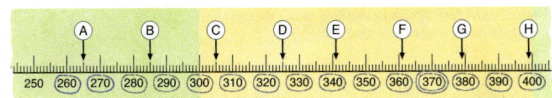

A B C D E F G H
250 (260) (270) (280) (290) 300 (310) 320 (330) 340 350 (360) (370) 380 (390) (400)

① Welche Zahlen müssten bei den Buchstaben stehen?

A: 265　　B: 285　　C: 305　　D: 325

E: 341　　F: 361　　G: 379　　H: 399

② Kreise nun im Zahlenstrahl die beiden Nachbarzehner der Zahlen A bis H ein. Schreibe dann alle Zahlen in die Tabelle.

Nachbarzehner	Zahl	Nachbarzehner
260	A: 265	270
280	B: 285	290
300	C: 305	310
320	D: 325	330
340	E: 341	350
360	F: 361	370
370	G: 379	380
390	H: 399	400

③ Schreibe die Zahlen A bis H auch in diese Tabelle. Schreibe dann den Vorgänger und den Nachfolger jeder Zahl auf.

Vorgänger	Zahl	Nachfolger
264	A: 265	266
284	B: 285	286
304	C: 305	306
324	D: 325	326
340	E: 341	342
360	F: 361	362
378	G: 379	380
398	H: 399	400

Seite 25　nützliche Materialien: **Zahlenstrahl (Beilage 2)**　21

Zahlen vergleichen bis 500

0 100 200 300 400 500

① Zeige am Zahlenstrahl, wo die Zahlen etwa liegen und vergleiche sie. Setze die Zeichen >, < oder = ein.

a) 150 < 210　　b) 259 = 259　　c) 190 > 109

470 > 390　　195 > 189　　235 < 253

340 < 430　　476 > 467　　386 > 368

> ist größer als
< ist kleiner als
= ist gleich

② Ordne die Zahlen der Größe nach. Beginne mit der kleinsten Zahl. Kontrolliere dann am Zahlenstrahl.

a) 　180　280　240　120

120 < 180 < 240 < 280

b) 390　206　309　469

206 < 309 < 390 < 469

c) 　421　214　412　241　142

142 < 214 < 241 < 412 < 421

d) 368　386　168　286　268

168 < 268 < 286 < 368 < 386

③ Finde die Rechenregel in den Zahlenfolgen. Beschrifte die Pfeile und setze die Folgen fort. Kontrolliere am Zahlenstrahl.

a) +20 +20 +20 +20 +20 +20

140　160　180　200　220　240　260

b) +40 +40 +40 +40 +40 +40

50　90　130　170　210　250　290

c) +60 +60 +60 +60 +60 +60

20　80　140　200　260　320　380

22　nützliche Materialien: **Zahlenstrahl (Beilage 2)**　Seite 26

Zahlen vergleichen bis 1 000

500 600 700 800 900 1 000

① Zeige am Zahlenstrahl, wo die Zahlen etwa liegen und vergleiche sie. Setze die Zeichen >, < oder = ein.

a) 650 > 560　　b) 555 < 556　　c) 768 < 867

710 > 690　　666 = 666　　687 > 678

830 < 870　　777 > 747　　876 > 786

② Ordne die Zahlen der Größe nach. Beginne mit der größten Zahl. Kontrolliere dann am Zahlenstrahl.

a) 　860　790　920　990

990 > 920 > 860 > 790

b) 735　885　875　715

875 > 865 > 735 > 715

c) 　678　687　876　768　786

876 > 786 > 768 > 607 > 078

d) 795　1 000　957　759　975

1 000 > 975 > 957 > 795 > 759

③ Finde die Rechenregel in den Zahlenfolgen. Beschrifte die Pfeile und setze die Folgen fort. Kontrolliere am Zahlenstrahl.

a) – 50 – 50 – 50 – 50 – 50 – 50

950　900　850　800　750　700　650

b) – 30 – 30 – 30 – 30 – 30 – 30

860　830　800　770　740　710　680

c) – 80 – 80 – 80 – 80 – 80 – 80

1 000　920　840　760　680　600　520

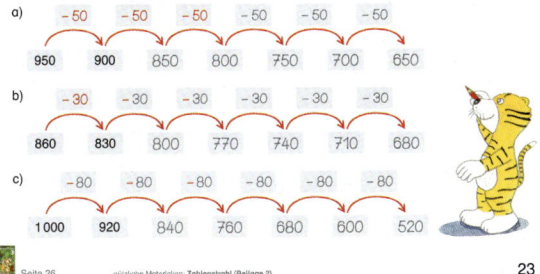

Seite 26　nützliche Materialien: **Zahlenstrahl (Beilage 2)**　23

Symmetrie überprüfen

① Nimm einen Taschenspiegel und halte ihn an die rote Linie.
Sind die Bilder spiegelbildlich (symmetrisch)?

a) ~~symmetrisch~~
nicht symmetrisch

b) symmetrisch
~~nicht symmetrisch~~

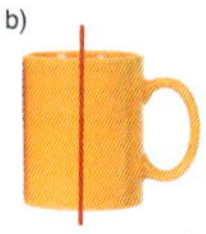

c) ~~symmetrisch~~
nicht symmetrisch

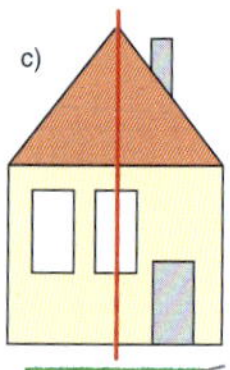

d) symmetrisch
~~nicht symmetrisch~~

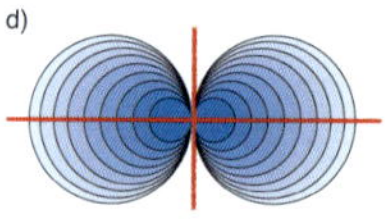

e) symmetrisch
~~nicht symmetrisch~~

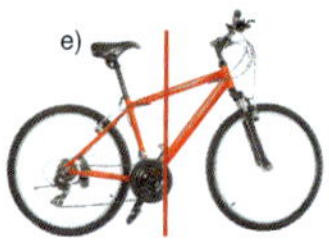

f) symmetrisch
~~nicht symmetrisch~~

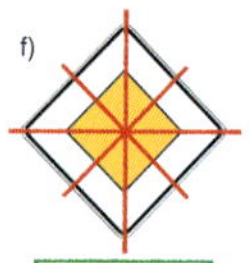

g) symmetrisch
~~nicht symmetrisch~~

h) symmetrisch
~~nicht symmetrisch~~

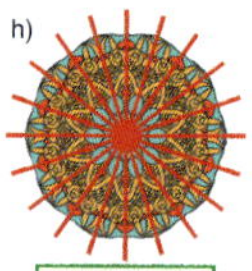

i) ~~symmetrisch~~
nicht symmetrisch

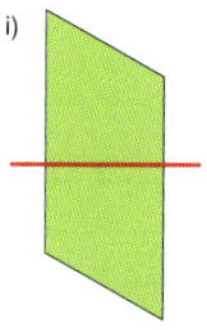

② Untersuche mit dem Spiegel, ob es noch andere Spiegelachsen (Symmetrieachsen) gibt.
Zeichne sie mit Rot ein.

Addieren auf verschiedenen Wegen

$256 + 383 =$

Weg 1:
$256 + 383 = 639$
$256 + 300 = 556$
$556 + 80 = 636$
$636 + 3 = 639$

Weg 2: $+3$ $+80$ $+300$
256 259 339 639

① Hier sind zwei Wege für eine „große" Addition vorgestellt.
Rechne jede Aufgabe mit beiden Wegen, wie oben gezeigt.
Du kannst ein Tausenderbuch und einen Zahlenstrahl zu Hilfe nehmen.

a) $318 + 461 =$
$318 + 461 = 779$
$318 + 400 = 718$
$718 + 60 = 778$
$778 + 1 = 779$
$+1$ $+60$ $+400$
318 319 379 779

b) $637 + 258 =$
$637 + 258 = 895$
$637 + 200 = 837$
$837 + 50 = 887$
$887 + 8 = 895$
$+8$ $+50$ $+200$
637 645 695 895

② Welcher Weg ist dir lieber? Rechne die Aufgaben mit deinem Lieblingsweg.

a) $593 + 284 =$
$593 + 284 = 877$
$593 + 200 = 793$
$793 + 80 = 873$
$873 + 4 = 877$
$+4$ $+80$ $+200$
593 597 677 877

b) $446 + 528 =$
$446 + 528 = 974$
$446 + 500 = 946$
$946 + 20 = 966$
$966 + 8 = 974$
$+8$ $+20$ $+500$
446 454 474 974

Subtrahieren auf verschiedenen Wegen

$745 - 362 =$

Weg 1:
$745 - 362 = 383$
$745 - 300 = 445$
$445 - 60 = 385$
$385 - 2 = 383$

Weg 2: -300 -60 -2
383 683 743 745

① Hier sind zwei Wege für eine „große" Subtraktion vorgestellt.
Rechne jede Aufgabe mit beiden Wegen, wie oben gezeigt.
Du kannst ein Tausenderbuch und einen Zahlenstrahl zu Hilfe nehmen.

a) $864 - 422 =$
$864 - 422 = 442$
$864 - 400 = 464$
$464 - 20 = 444$
$444 - 2 = 442$
-400 -20 -2
442 842 862 864

b) $573 - 219 =$
$573 - 219 = 354$
$573 - 200 = 373$
$373 - 10 = 363$
$363 - 9 = 354$
-200 -10 -9
354 554 564 573

② Welcher Weg ist dir lieber? Rechne die Aufgaben mit deinem Lieblingsweg.

a) $728 - 565 =$
$728 - 565 = 163$
$728 - 500 = 228$
$228 - 60 = 168$
$168 - 5 = 163$
-500 -60 -5
163 663 723 728

b) $436 - 389 =$
$436 - 389 = 47$
$436 - 300 = 136$
$136 - 80 = 56$
$56 - 9 = 47$
-300 -80 -9
47 347 427 436

Rechnen mit Trick

① Untersuche die Rechentricks.
Welche Erklärung gehört zu welchem Rechentrick? Ordne mit einem Strich zu.

Rechentrick 1	Rechentrick 2	Rechentrick 3
$257 + 398 = 655$	$105 + 538 = 643$	$473 + 217 = 643$
$257 + 400 = 657$	$538 + 105 =$	$473 + 7 = 480$
$657 - 2 = 655$	$538 + 100 = 638$	$480 + 10 = 490$
	$638 + 5 = 643$	$490 + 200 = 690$

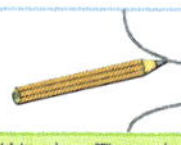

Mit der Tauschaufgabe kann ich einfacher rechnen.

Ich sehe mit einem Blick, dass die beiden Einer zusammen 10 ergeben. Also addiere ich zuerst die Einer.

Die zweite Zahl liegt ganz nah am Hunderter. Also addiere ich zuerst die Hunderterzahl und ziehe dann den Unterschied ab.

② Rechne die Aufgaben mit Rechentrick 1.

$427 + 299 = 726$ $618 + 196 = 814$ $364 + 397 = 761$
$427 + 300 = 727$ $618 + 200 = 818$ $364 + 400 = 764$
$727 - 1 = 726$ $818 - 4 = 814$ $764 - 3 = 761$

③ Rechne die Aufgaben mit Rechentrick 2.

$202 + 536 = 738$ $404 + 379 = 783$ $608 + 246 = 854$
$536 + 202 =$ $379 + 404 =$ $246 + 608 =$
$536 + 200 = 736$ $379 + 400 = 779$ $246 + 600 = 846$
$736 + 2 = 738$ $779 + 4 = 783$ $846 + 8 = 854$

④ Rechne die Aufgaben mit Rechentrick 3.

$342 + 458 = 800$ $191 + 729 = 920$ $375 + 285 = 660$
$342 + 8 = 350$ $191 + 9 = 200$ $375 + 5 = 380$
$350 + 50 = 400$ $200 + 20 = 220$ $380 + 80 = 460$
$400 + 400 = 800$ $220 + 700 = 920$ $460 + 200 = 660$

Geldbeträge mit Komma

① Wie viel Geld ist im Geldbeutel?
Lege die Geldbeträge mit Spielgeld und fülle die Tabellen aus.

a) 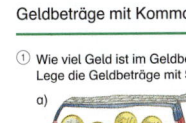   b)   c)

1€	10ct	1ct
5	4	0

1€	10ct	1ct
6	1	4

1€	10ct	1ct
8	4	5

② Schreibe nun die Geldbeträge aus den Tabellen in Aufgabe 1
in gemischter und in Kommaschreibweise auf.

Das Komma trennt die Euro von den Cent.

a) 5 € 40 ct   b) 6 € 14 ct   c) 8 € 45 ct

= 5 , 40 €   = 6 , 14 €   = 8 , 45 €

③ Lege die Geldbeträge mit Spielgeld. Zeichne sie dann in die Geldbeutel.
Es gibt mehrere Möglichkeiten. Trage zum Schluss die fehlenden Angaben ein.

a)* 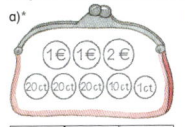   b)* 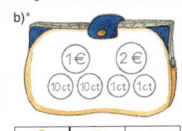   c)*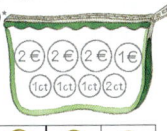

1€ 1€ 2€ / 20ct 20ct 20ct 10ct 1ct

1€ 2€ / 10ct 10ct 1ct 1ct

2€ 2€ 2€ 1€ / 1ct 1ct 1ct 2ct

1€	10ct	1ct
4	7	1

1€	10ct	1ct
3	2	2

1€	10ct	1ct
7	0	5

4 € 71 ct = 4 , 71 €   3 € 22 ct = 3 , 22 €   7 € 5 ct = 7,05 €

④ Wandle die Geldbeträge in Euro und Cent um.

110 ct = 1 € 10 ct
240 ct = 2 € 40 ct
465 ct = 4 € 65 ct
1387 ct = 13 € 87 ct

⑤ Wandle Geldbeträge in Euro mit Komma um.

110 ct = 1,10 €
240 ct = 2,40 €
465 ct = 4,65 €
1387 ct = 13,87 €

⑥ Wandle Geldbeträge in Cent um.

1,50 € = 150 ct
2,90 € = 290 ct
5,05 € = 505 ct
19,64 € = 1964 ct

* Mehrere Lösungen sind möglich.

28   notwendige Materialien: **Spielgeld**   Seite 38

Rückgeld berechnen

Ich kaufe den Riesenstift und bezahle mit 20 €.

Dein Rückgeld: 9 € + 1 € = 10 € / 10 € + 10 € = 20 €

Schreibtisch-auflage 14,80 €
Riesenstift 9,00 €
Spielekiste 13,00 €

① Wie viel Geld bekommt der Mathetiger zurück?
Spiele die Rechengeschichte mit Spielgeld nach und überlege, wie die Verkäuferin das
Rückgeld gibt. Fülle dann das Pfeilbild aus und schreibe die Antwort.

Pfeilbild:

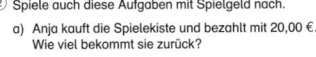

9,00 €   **+ 1,00 €** → 10,00 €   **+ 10,00 €** → 20,00 €

R: 9,00 € + 11,00 € = 20,00 €

A: Der Mathetiger bekommt 11,00 € zurück.

② Spiele auch diese Aufgaben mit Spielgeld nach.

a) Anja kauft die Spielekiste und bezahlt mit 20,00 €.
Wie viel bekommt sie zurück?

Pfeilbild:

+ 7,00 €

13,00 € → 20,00 €

R: 13,00 € + 7,00 € = 20,00 €

A: Anja bekommt 7,00 € zurück.

b) Meret kauft die Schreibtischauflage und bezahlt mit 20,00 €.
Wie viel bekommt sie zurück?

Pfeilbild:

+ 0,20 €   **+ 5,00 €**

14,80 € → 15,00 € → 20,00 €

R: 14,80 € + 5,20 € = 20,00 €

A: Meret bekommt 5,20 € zurück.

Seite 39   notwendige Materialien: **Spielgeld**   29

Geldbeträge runden

Rundungsregeln:
• Wir runden immer zum näheren Betrag.
• Ist es zu beiden Beträgen gleich weit,
wird aufgerundet.

Das Zeichen ≈ bedeutet „ist rund".

① Rechne zu den benachbarten vollen Eurobeträgen. Entscheide, welcher Betrag näher
liegt und male ihn an. Dies ist der gerundete volle Eurobetrag.

a) **6 €** ← −30 ct — 6,30 € — +70 ct → 7 €

b) 3 € ← −60 ct — 3,60 € — +40 ct → **4 €**

c) **12 €** ← −40 ct — 12,40 € — +60 ct → 13 €

d) 18 € ← −55 ct — 18,55 € — +45 ct → **19 €**

② Runde die Geldbeträge zum vollen Eurobetrag, der näher liegt.

a) 2,90 € ≈ 3 €
13,40 € ≈ 13 €
25,60 € ≈ 26 €

b) 7,80 € ≈ 8 €
16,20 € ≈ 16 €
32,10 € ≈ 32 €

c) 5,25 € ≈ 5 €
12,85 € ≈ 13 €
48,65 € ≈ 49 €

③ Rechne zu den benachbarten Zehner-Eurobeträgen.
Entscheide, welcher näher liegt, und male ihn an.

a) 20 € ← −6 € — 26 € — +4 € → **30 €**

b) **30 €** ← −2 € — 32 € — +8 € → 40 €

c) **10 €** ← −2,50 € — 12,50 € — +7,50 € → 20 €

d) 60 € ← −9,30 € — 69,30 € — +0,70 € → **70 €**

④ Runde die Geldbeträge zum vollen Zehner-Eurobetrag, der näher liegt.

a) 12 € ≈ 10 €
33 € ≈ 30 €
25 € ≈ 30 €

b) 18 € ≈ 20 €
78 € ≈ 80 €
61 € ≈ 60 €

c) 35,20 € ≈ 40 €
97,10 € ≈ 100 €
49,30 € ≈ 50 €

30   Seite 40

Flächengrößen vergleichen

① Schätze, welche Fläche am größten ist.

Größte Fläche:

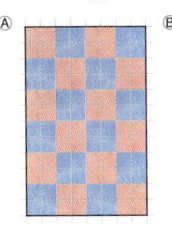 A   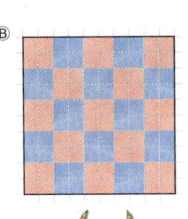 B   C

② Ein Zentimeterquadrat besteht aus 4 Kästchen.
Zeichne in die Flächen von Aufgabe 1 farbige
Zentimeterquadrate wie der Mathetiger ein.
Wie viele Zentimeterquadrate passen in jede Fläche?

Fläche A: 24 Zentimeterquadrate

Fläche B: 25 Zentimeterquadrate

Fläche C: 24 Zentimeterquadrate

③ Welche Fläche ist die größte? Größte Fläche: B

④ Vergleiche dein Ergebnis von Aufgabe 3 mit deinem Ergebnis von Aufgabe 1.

Hast du richtig geschätzt?

⑤ Zeichne in die Karofelder eine Fläche D und eine Fläche E ein.
Male dann die Zentimeterquadrate farbig an. Schreibe auf, wie groß deine Flächen sind.

D   E

Fläche D: _____ Zentimeterquadrate   Fläche E: _____ Zentimeterquadrate

Seite 43 – 45   31

Multiplizieren mit Zehnerzahlen

① Mit Zehnerzahlen kann man geschickt mit einem Trick multiplizieren.
Untersuche die Aufgaben und finde den Trick heraus. Schreibe ihn dann auf.

$5 \cdot 3 = 15$ $7 \cdot 4 = 28$ $6 \cdot 7 = 42$ $8 \cdot 5 = 40$
$5 \cdot 30 = 150$ $7 \cdot 40 = 280$ $6 \cdot 70 = 420$ $8 \cdot 50 = 400$

So geht der Trick: _Ich hänge an eine Zahl eine Null an. An das Ergebnis hänge ich dann_
auch eine Null an.

② Wende den Trick bei diesen Aufgaben an.

Eine 0 anhängen bedeutet · 10!

a) $2 \cdot 9 = 18$ b) $4 \cdot 6 = 24$ c) $3 \cdot 4 = 12$
   $2 \cdot 90 = 180$ $4 \cdot 60 = 240$ $3 \cdot 40 = 120$

d) $8 \cdot 6 = 48$ e) $5 \cdot 5 = 25$ f) $6 \cdot 3 = 18$
   $8 \cdot 60 = 480$ $5 \cdot 50 = 250$ $6 \cdot 30 = 180$

g) $2 \cdot 5 = 10$ h) $4 \cdot 8 = 32$ i) $3 \cdot 9 = 27$
   $2 \cdot 50 = 100$ $4 \cdot 80 = 320$ $3 \cdot 90 = 270$

③ Rechne zuerst die kleine Aufgabe im Kopf,
danach die große Aufgabe mit dem Trick.

Aufgabe 3a):
Ich rechne zuerst 4 · 4
und dann mit Trick.

a) $4 \cdot 40 = 160$ b) $7 \cdot 50 = 350$ c) $3 \cdot 80 = 240$

d) $6 \cdot 80 = 480$ e) $8 \cdot 30 = 240$ f) $4 \cdot 70 = 280$

④ Male die Aufgabe und die passende Lösung mit der gleichen Farbe an.
Die Tauschaufgaben können dir helfen.

| $60 \cdot 6 =$ | $70 \cdot 8 =$ | | 360 |
| $50 \cdot 4 =$ | $90 \cdot 5 =$ | 200 | 450   560 |

Dividieren von Zehnerzahlen

① Auch beim Dividieren mit Zehnerzahlen kannst du den Trick von Seite 32 anwenden.
Untersuche die Aufgaben und erkläre den Trick mit deinen Worten.

$35 : 7 = 5$ $48 : 6 = 8$ $27 : 3 = 9$ $63 : 9 = 7$
$350 : 7 = 50$ $480 : 6 = 80$ $270 : 3 = 90$ $630 : 9 = 70$

So geht der Trick: _Ich hänge an die große Zahl eine Null an. An das Ergebnis hänge ich_
dann auch eine Null an.

② Wende den Trick bei diesen Aufgaben an.

a) $30 : 5 = 6$ b) $27 : 9 = 3$ c) $15 : 3 = 5$
   $300 : 5 = 60$ $270 : 9 = 30$ $150 : 3 = 50$

d) $36 : 4 = 9$ e) $18 : 2 = 9$ f) $64 : 8 = 8$
   $360 : 4 = 90$ $180 : 2 = 90$ $640 : 8 = 80$

③ Untersuche auch diese Aufgaben. Was ist hier anders?
Erkläre den Trick.

$42 : 6 = 7$ $32 : 4 = 8$ $14 : 7 = 2$ $45 : 9 = 5$
$420 : 60 = 7$ $320 : 40 = 8$ $140 : 70 = 2$ $450 : 90 = 5$

So geht der Trick: _Ich hänge an beide Zahlen eine Null an. Das Ergebnis verändert sich_
dann nicht.

④ Rechne zuerst die kleine Aufgabe im Kopf,
danach die große Aufgabe mit dem Trick.

Aufgabe 4a):
Ich rechne zuerst 24 : 4
und dann mit Trick.

a) $240 : 40 = 6$ b) $160 : 80 = 2$ c) $140 : 70 = 2$

d) $420 : 70 = 6$ e) $280 : 40 = 7$ f) $810 : 90 = 9$

⑤ Finde zu jeder Aufgabe eine passende große Aufgabe.

a) $35 : 5 = 7$ b) $12 : 3 = 4$ c) $54 : 9 = 6$
   $350 : 50 = 7$ $120 : 30 = 4$ $540 : 90 = 6$

Gewichtsstücke

① Ordne die Gewichtsstücke nach ihrem Gewicht. Beginne mit dem schwersten Gewicht.
Du kannst einen Gewichtssatz zu Hilfe nehmen.

500 g , 200 g , 100 g , 100 g , 50 g , 20 g , 10 g , 10 g , 5 g , 2 g ,
2 g , 1 g

② Wie schwer sind die Dinge?
Wiege mit einer Tafelwaage Gegenstände
und schreibe eine Plusaufgabe auf.
Beispiel:
Mäppchen: _200 g + 10 g + 5 g + 2 g = 217 g_

Heft: _____

Getränk: _____

Sportschuh: _____

③ Wie schwer sind die Gewichtsstücke zusammen?
Schreibe jeweils eine Plusaufgabe auf.

a)
_50 g + 20 g + 10 g + 10 g = 90 g_

b)
_500 g + 100 g + 50 g + 2 g = 652 g_

c)
_200 g + 100 g + 20 g + 10 g + 2 g + 1 g_
_= 333 g_

d)
_100 g + 50 g + 10 g + 5 g + 2 g + 1 g_
_= 168 g_

Ergänzen zu einem Kilogramm

① So viel Gramm hat ein Kilogramm. Überprüfe dies mit einer Waage.

1 Kilogramm = 1000 Gramm
1 kg = 1000 g

② Schreibe eine Plusaufgabe passend zu Aufgabe 1 auf.
Fülle dann den Merkkasten aus.

500 g + _200 g + 100 g + 100 g + 50 g + 20 g + 10 g + 10 g + 5 g + 2 g + 2 g + 1 g = 1 kg_

③ Wie viel Gramm fehlen bis zu 1000 Gramm?

a)
200 g + 800 g = 1000 g

b)
600 g + 400 g = 1000 g

c)
450 g + 550 g = 1000 g

d)
830 g + 170 g = 1000 g

e)
775 g + 225 g = 1000 g

f)
195 g + 805 g = 1000 g

Kilogramm und Gramm

① Schreibe die Gewichtsangaben in gemischter Schreibweise auf.
Bedenke: 1 000 g = 1 kg

a)

Gramm		Kilogramm und Gramm
1 500 g	=	1 kg 500 g
1 250 g	=	1 kg 250 g
1 400 g	=	1 kg 400 g
1 950 g	=	1 kg 950 g
1 750 g	=	1 kg 750 g

b)

Gramm		Kilogramm und Gramm
1 345 g	=	1 kg 345 g
2 500 g	=	2 kg 500 g
2 250 g	=	2 kg 250 g
850 g	=	0 kg 850 g
250 g	=	0 kg 250 g

② Schreibe nun die Gewichtsangaben in Grammschreibweise auf.
Bedenke: 1 kg = 1 000 g

a)

Kilogramm und Gramm		Gramm
1 kg 600 g	=	1 600 g
1 kg 190 g	=	1 190 g
1 kg 465 g	=	1 465 g
1 kg 990 g	=	1 990 g
1 kg 275 g	=	1 275 g

b)

Kilogramm und Gramm		Gramm
1 kg 555 g	=	1 555 g
2 kg 750 g	=	2 750 g
2 kg 345 g	=	2 345 g
0 kg 50 g	=	50 g
0 kg 950 g	=	950 g

③ Was ist schwerer? Setze die Zeichen >, < oder = ein.
Du kannst zum Überprüfen deiner Lösung eine Waage zu Hilfe nehmen.

a) 1 kg 200 g > 1 kg 20 g

b) 1 kg 140 g < 1 kg 410 g

c) 1 110 g > 1 100 g

d) 1 005 g < 1 500 g

e) 1 kg 250 g < 1 kg 520 g

f) 1 kg 750 g > 1 kg 570 g

nützliche Materialien: Gewichtssatz, Tafelwaage   Seite 53

Zahlen runden

① Beim Runden auf Zehner musst du die nähere Zehnerzahl finden.
Schreibe die Zahlen A bis F mit ihren Nachbarzehnern auf.
Entscheide, welcher Zehner näher liegt und male ihn an.

20	← A: 24 →	30		30	← B: 39 →	40
50	← C: 52 →	60		60	← D: 66 →	70
80	← E: 81 →	90		90	← F: 97 →	100

② Runde die Zahlen zum vollen Zehner, indem du den näheren Zehner aufschreibst.
Finde deine Lösung mit dem Zahlenstrahl oben.
Das Zeichen ≈ bedeutet „ist rund".

> Wenn es zu beiden Zehnern gleich weit ist, dann runden wir zum größeren Zehner.

a) 38 ≈ 40   b) 51 ≈ 50   c) 77 ≈ 80   d) 25 ≈ 30

32 ≈ 30   59 ≈ 60   76 ≈ 80   45 ≈ 50

③ Markiere die Zahlen G bis L am Zahlenstrahl mit einem Pfeil und schreibe beide Nachbarhunderter auf. Entscheide, welcher Hunderter näher liegt und male ihn an.

400	← G: 460 →	500		400	← H: 490 →	500
500	← I: 510 →	600		500	← J: 540 →	600
500	← K: 570 →	600		400	← L: 430 →	500

④ Runde die Zahlen zum vollen Hunderter,
indem du den näheren Hunderter aufschreibst.
Finde deine Lösung mit dem Zahlenstrahl.

> Wenn es zu beiden Hundertern gleich weit ist, dann runden wir zum größeren Hunderter.

a) 440 ≈ 400   b) 560 ≈ 600   c) 445 ≈ 400   d) 550 ≈ 600

480 ≈ 500   515 ≈ 500   455 ≈ 500   551 ≈ 600

Seite 56   nützliche Materialien: Zahlenstrahl (Beilage 2)

Schriftlich addieren

	H	Z	E
	2	4	1
+	3	2	6
	5	6	7

Wir beginnen bei den Einern und addieren von oben nach unten:
1 E + 6 E = 7 E
4 Z + 2 Z = 6 Z
2 H + 3 H = 5 H
Lösungszahl: 567

addieren plus ⊕
subtrahieren minus ⊖

① Schreibe die Aufgaben in die Stellenwerttabellen.
Addiere die Zahlen von oben nach unten. Beginne immer bei den Einern.

a) 412 + 365

	H	Z	E
	4	1	2
+	3	6	5
	7	7	7

b) 743 + 152

	H	Z	E
	7	4	3
+	1	5	2
	8	9	5

c) 284 + 614

	H	Z	E
	2	8	4
+	6	1	4
	8	9	8

d) 197 + 402

	H	Z	E
	1	9	7
+	4	0	2
	5	9	9

e) 176 + 503

	H	Z	E
	1	7	6
+	5	0	3
	6	7	9

f) 255 + 630

	H	Z	E
	2	5	5
+	6	3	0
	8	8	5

g) 717 + 271

	H	Z	E
	7	1	7
+	2	7	1
	9	8	8

h) 362 + 326

	H	Z	E
	3	6	2
+	3	2	6
	6	8	8

i) 631 + 208

	H	Z	E
	6	3	1
+	2	0	8
	8	3	9

j) 463 + 125

	H	Z	E
	4	6	3
+	1	2	5
	5	8	8

k) 874 + 123

	H	Z	E
	8	7	4
+	1	2	3
	9	9	7

l) 945 + 54

	H	Z	E
	9	4	5
+		5	4
	9	9	9

Seite 57

Schriftlich addieren mit Übertrag

	H	Z	E
	4	2	7
+	3	6	5
		1	
	7	9	2

Wir beginnen bei den Einern und addieren von oben nach unten:
7 E + 5 E = 12 E, schreibe 2, übertrage 1
2 Z + 6 Z + 1 Z = 9 Z
4 H + 3 H = 7 H
Lösungszahl: 792

① Schreibe die Aufgaben in die Stellenwerttabellen.
Addiere die Zahlen von oben nach unten. Beginne immer bei den Einern.
Vergiss den Übertrag nicht.

a) 326 + 258

	H	Z	E
	3	2	6
+	2	5	8
		1	
	5	8	4

b) 617 + 274

	H	Z	E
	6	1	7
+	2	7	4
		1	
	8	9	1

c) 538 + 339

	H	Z	E
	5	3	8
+	3	3	9
		1	
	8	7	7

d) 437 + 356

	H	Z	E
	4	3	7
+	3	5	6
		1	
	7	9	3

e) 451 + 186

	H	Z	E
	4	5	1
+	1	8	6
	1		
	6	3	7

f) 294 + 162

	H	Z	E
	2	9	4
+	1	6	2
	1		
	4	5	6

g) 136 + 580

	H	Z	E
	1	3	6
+	5	8	0
	1		
	7	1	6

h) 372 + 445

	H	Z	E
	3	7	2
+	4	4	5
	1		
	8	1	7

i) 586 + 237

	H	Z	E
	5	8	6
+	2	3	7
	1	1	
	8	2	3

j) 468 + 162

	H	Z	E
	4	6	8
+	1	6	2
	1	1	
	6	3	0

k) 184 + 759

	H	Z	E
	1	8	4
+	7	5	9
	1	1	
	9	4	3

l) 226 + 487

	H	Z	E
	2	2	6
+	4	8	7
	1	1	
	7	1	3

Seite 58

Schriftlich addieren – Ziffern und Fehler finden

	H	Z	E		Sprechweise:
	5	2	6		6 E + wie viel E = 8 E?
+		2			6 E + 2 E = 8 E, ich trage die 2 ein
	9	5	8		2 Z + wie viel Z = 5 Z?

2 Z + 3 Z = 5 Z, ich trage die 3 ein
5 H + wie viel H = 9 H?
5 H + 4 H = 9 H

① Sprich die Aufgaben in der Sprechweise wie oben und finde die fehlenden Ziffern.

a)
H	Z	E
3	6	1
+ 3	2	4
6	8	5

b)
H	Z	E
7	2	3
+ 1	5	1
8	7	4

c)
H	Z	E
2	5	4
+ 3	4	3
5	9	7

d)
H	Z	E
4	0	6
+ 3	2	3
7	2	9

② Rechne wie bei Aufgabe 1. Achtung, diese Aufgaben sind mit Übertrag.

a)
H	Z	E
5	3	6
+ 1	2	6
	1	
6	6	2

b)
H	Z	E
1	5	9
+ 3	3	2
	1	
4	9	1

c)
H	Z	E
3	6	5
+ 2	5	2
	1	
6	1	7

d)
H	Z	E
6	4	7
+	9	1
	1	
7	3	8

③ In diese Aufgaben haben sich Fehler eingeschlichen. Streiche die falschen Ziffern durch und schreibe jeweils die richtigen Aufgaben darunter.

a)*
H	Z	E
6	2	4
+ 3	1	5
9	4	9

b)
H	Z	E
5	6	1
+ 1	7	6
6	3	7

c)
H	Z	E
7	3	8
+ 2	4	6
	1	
9	8	6

d)
H	Z	E
4	5	7
+ 1	8	4
	1	1
5	3	1

a)
H	Z	E
6	2	4
+ 3	1	5
9	3	9

b)
5	6	1
+ 1	7	6
7	3	7

c)
7	3	8
+ 2	4	6
	1	
9	8	4

d)
4	5	7
+ 1	8	4
	1	1
6	4	1

* Mehrere Lösungen sind möglich.

Seite 59

Hilfen für Sachaufgaben – Skizzen

① Beschrifte die Skizze mit den Angaben aus dem Text.

Der Schulhof ist 24 m lang und 18 m breit. In der Mitte ist ein Hüpffeld mit 6 m Länge und 2 m Breite aufgezeichnet.

Skizze:
24 m
6 m
2 m
18 m

Sachaufgaben kannst du manchmal mithilfe von einfachen, ungefähren Zeichnungen (Skizzen) leichter lösen.

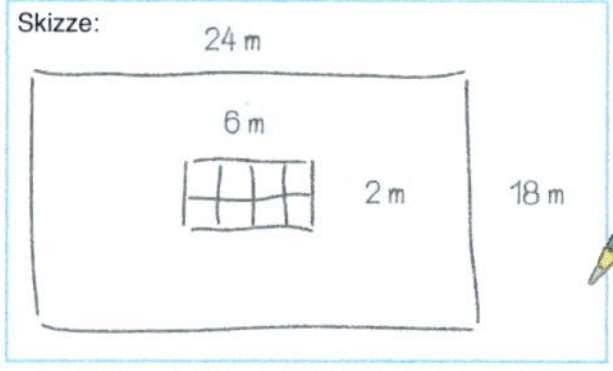

② Fertige zu jedem Text eine Skizze an. Beschrifte die wichtigen Teile deiner Zeichnung.

a) Das Schwimmbad von Altdorf ist 33 m lang und 15 m breit.

Skizze:
33 m
15 m

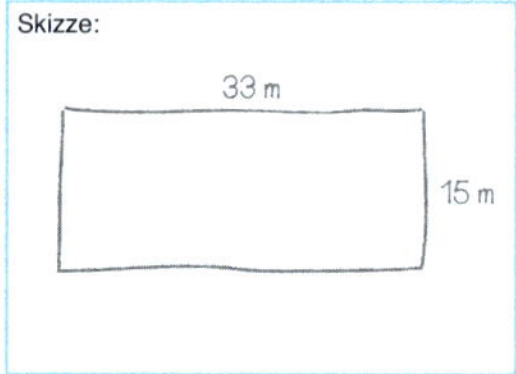

b) Das Spielfeld für Ballspiele ist 18 m lang und 6 m breit. Es gibt auch eine Mittellinie.

Skizze:
18 m
6 m

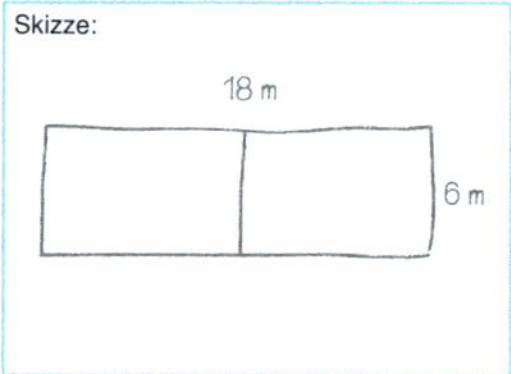

c) Charlotte ist 1 m 45 cm groß, ihre Freundin Jessica ist nur 1 m 32 cm groß.

Skizze:
1 m 45 cm
1 m 32 cm
Charlotte
Jessica

d) Von der Schule zu Jans Haus sind es 450 m. Zu Jule sind es nur 300 m.

Skizze:
Schule
450 m
Jan
300 m
Jule

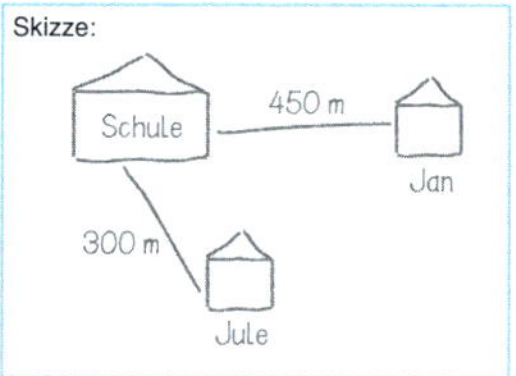

Seite 60

Hilfen für Sachaufgaben – Tabellen

① Fülle die Tabellen weiter aus.

Sachaufgaben kannst du manchmal mithilfe von Tabellen leichter lösen.

a) In 10 Minuten pflanzt Frau Schnitzer 4 Geranien. Insgesamt will sie 16 Geranien pflanzen. Wie lange braucht sie dafür?

Anzahl der Geranien	4	8	12	16
Zeit	10 min	20 min	30 min	40 min

A: Frau Schnitzer braucht 40 min.

b) Für ihren Schulweg (hin und zurück) braucht Hannah genau 12 Minuten. Sie hat an 5 Tagen in der Woche Unterricht. Wie lange ist sie in einer Woche unterwegs?

Schultage	1	2	3	4	5
Zeit	12 min	24 min	36 min	48 min	60 min

A: Hannah ist in einer Woche 60 min unterwegs.

c) 2 Rosen kosten 4 €. Jonas kauft einen Strauß mit 7 Rosen. Wie teuer sind sie?

: 2

Anzahl der Rosen	1	2	3	4	5	6	7
Preis	2 €	4 €	6 €	8 €	10 €	12 €	14 €

: 2

A: Die Rosen kosten 14 €.

d) Noah geht jeden 2. Tag ins Schwimmbad, Leonie jeden 3. Tag. Am 4. Juli sind beide im Bad. Wann treffen sie sich wieder?

Datum	4. Juli	5. Juli	6. Juli	7. Juli	8. Juli	9. Juli	10. Juli	11. Juli	12. Juli
Noah	X		X		X		X		X
Leonie	X			X			X		

A: Sie treffen sich am 10. Juli wieder.

Seite 60

Zentimeter und Millimeter

① Untersuche dein Lineal. Welche Striche zeigen Zentimeter (cm), welche Millimeter (mm)? Ordne die Begriffe mit mehreren Pfeilen zu.

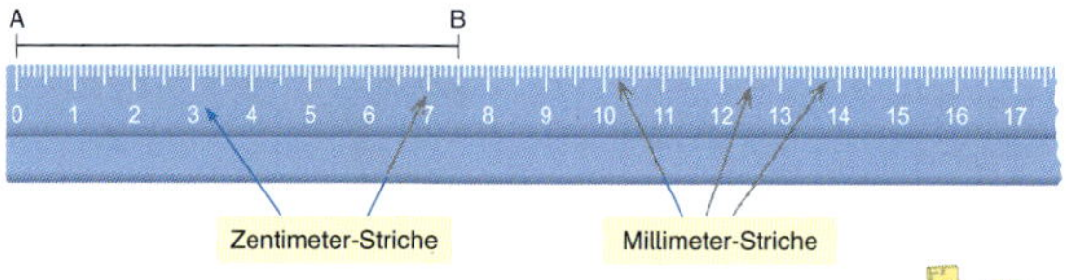

A   B

0 1 2 3 4 5 6 7 8 9 10 11 12 13 14 15 16 17

Zentimeter-Striche   Millimeter-Striche

② Wie viele Millimeter sind ein Zentimeter? 1 cm = 10 mm

③ Beginne beim Messen immer bei 0 cm. Lies zuerst die Zentimeter (cm) ab, danach die Millimeter (mm).

Wie lang ist die Strecke $\overline{AB}$ beim Lineal oben? Länge $\overline{AB}$: 7 cm 5 mm

④ Miss die Strecken auf mm genau. Immer zwei Strecken sind gleich lang. Male sie mit der gleichen Farbe an.

C —————— D
Länge $\overline{CD}$: 5 cm 5 mm

E —————— F
Länge $\overline{EF}$: 6 cm 5 mm

G —————— H
Länge $\overline{GH}$: 4 cm

I —————— J
Länge $\overline{IJ}$: 5 cm 5 mm

K —————— L
Länge $\overline{KL}$: 6 cm 5 mm

M —————— N
Länge $\overline{MN}$: 4 cm

⑤ Zeichne die Strecken ganz genau. Beginne immer bei 0 cm.

$\overline{OP}$ = 6 cm
O —————— P

$\overline{QR}$ = 8 cm 5 mm
Q —————— R

$\overline{ST}$ = 5 cm 3 mm
S —————— T

Beachte: 1 cm = 10 mm

⑥ Wandle die Angaben in mm um.

3 cm 5 mm = 30 mm + 5 mm = 35 mm
6 cm 2 mm = 60 mm + 2 mm = 62 mm
4 cm 9 mm = 40 mm + 9 mm = 49 mm

⑦ Wandle die Angaben in cm und mm um.

52 mm = 50 mm + 2 mm = 5 cm 2 mm
17 mm = 10 mm + 7 mm = 1 cm 7 mm
73 mm = 70 mm + 3 mm = 7 cm 3 mm

Seite 63

Meter und Zentimeter

① Untersuche das Tafellineal. Zeige 1 cm und 10 cm an verschiedenen Stellen. Wie viel Zentimeter hat ein m?

1 m = 100 cm

② Miss mit einem Gliedermaßstab verschiedene Dinge auf cm genau.

a) Länge des Tisches: _____   d) _____ : _____

b) Höhe des Tisches: _____   e) _____ : _____

c) Länge des Fensters: _____   f) _____ : _____

Beachte:
1 m = 100 cm

③ Schreibe die Längenangaben wie im Beispiel auf eine andere Art.

a)

Zentimeter	Meter und Zentimeter
150 cm	1 m 50 cm
180 cm	1 m 80 cm
135 cm	1 m 35 cm
240 cm	2 m 40 cm

b)

Meter und Zentimeter	Meter (mit Komma)
1 m 25 cm	1,25 m
1 m 90 cm	1,90 m
0 m 50 cm	0,50 m
2 m 10 cm	2,10 m

c) Beachte die 0.

Meter und Zentimeter	Meter (mit Komma)
1 m 5 cm	1,05 m
1 m 2 cm	1,02 m
2 m 8 cm	2,08 m
0 m 1 cm	0,01 m

d)

Meter (mit Komma)	Zentimeter
1,45 m	145 cm
1,33 m	133 cm
0,61 m	61 cm
0,05 m	5 cm

e)

Meter (mit Komma)	Meter und Zentimeter
1,28 m	1 m 28 cm
2,13 m	2 m 13 cm
3,05 m	3 m 5 cm
4,99 m	4 m 99 cm

f)

Zentimeter	Meter (mit Komma)
172 cm	1,72 m
245 cm	2,45 m
205 cm	2,05 m
107 cm	1,07 m

notwendige Materialien: **Gliedermaßstab**
nützliche Materialien: **Tafellineal**

Seite 64

Daten und Diagramme

① Das Säulendiagramm zeigt, wie viele Kinder in der Klasse 8 Jahre, 9 Jahre und 10 Jahre alt sind.

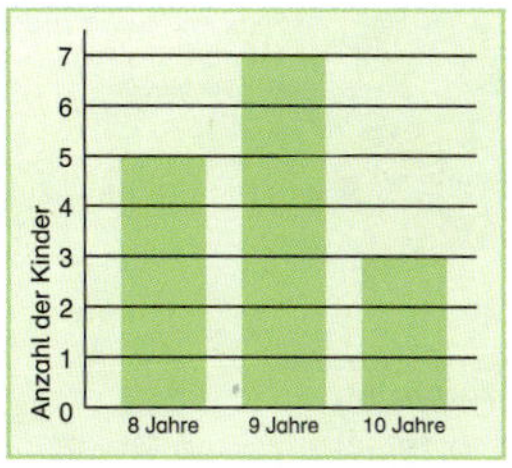

a) Die Höhe der Säulen zeigt dir, wie viele Kinder das gleiche Alter haben.

8 Jahre: 5 Kinder

9 Jahre: 7 Kinder

10 Jahre: 3 Kinder

b) Wenn du die drei Zahlen addierst, weißt du, wie viele Kinder in der Klasse sind.

R: 5 + 7 + 3 = 15

A: In der Klasse sind 15 Kinder.

② Dieses Säulendiagramm zeigt, wie viele Mädchen in jeder Klasse Fußball spielen.

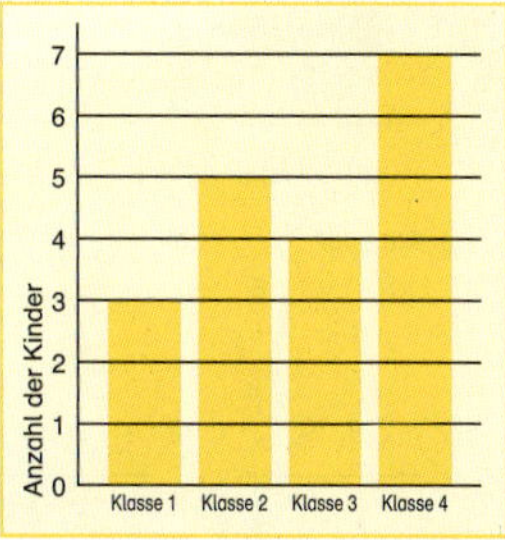

a) Die Höhe der Säulen zeigt dir, wie viele Mädchen in jeder Klasse Fußball spielen.

Klasse 1: 3 Mädchen

Klasse 2: 5 Mädchen

Klasse 3: 4 Mädchen

Klasse 4: 7 Mädchen

b) Wie viele Mädchen spielen in den vier Klassen insgesamt Fußball?

R: 3 + 5 + 4 + 7 = 19

A: Insgesamt spielen 19 Mädchen Fußball.

③ Zeichne die Säulen passend zu den Lieblingsessen der Kinder.

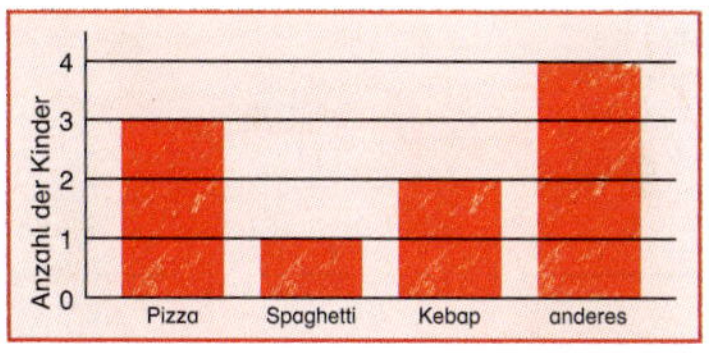

Pizza: 3 Kinder

Spaghetti: 1 Kind

Kebap: 2 Kinder

anderes: 4 Kinder

Seite 65 – 66

Schriftlich subtrahieren

H	Z	E
5	6	4
− 1	5	2
4	1	2

Wir beginnen bei den Einern und subtrahieren von oben nach unten:

4 E − 2 E = 2 E
6 Z − 5 Z = 1 Z
5 H − 1 H = 4 H
Lösungszahl: 412

subtrahieren minus ⊖
addieren plus ⊕

① Schreibe die Aufgaben in die Stellenwerttabellen. Subtrahiere die Zahlen von oben nach unten. Beginne immer bei den Einern.

a) 648 − 215

H	Z	E
6	4	8
− 2	1	5
4	3	3

b) 374 − 163

H	Z	E
3	7	4
− 1	6	3
2	1	1

c) 486 − 282

H	Z	E
4	8	6
− 2	8	2
2	0	4

d) 987 − 321

H	Z	E
9	8	7
− 3	2	1
6	6	6

e) 937 − 701

H	Z	E
9	3	7
− 7	0	1
2	3	6

f) 595 − 360

H	Z	E
5	9	5
− 3	6	0
2	3	5

g) 729 − 402

H	Z	E
7	2	9
− 4	0	2
3	2	7

h) 395 − 270

H	Z	E
3	9	5
− 2	7	0
1	2	5

i) 846 − 513

H	Z	E
8	4	6
− 5	1	3
3	3	3

j) 572 − 471

H	Z	E
5	7	2
− 4	7	1
1	0	1

k) 678 − 654

H	Z	E
6	7	8
− 6	5	4
	2	4

l) 283 − 280

H	Z	E
2	8	3
− 2	8	0
		3

Seite 69

Schriftlich subtrahieren mit Entbündeln

H	Z	E
	7	13
6	8̸	3̸
− 2	4	7
4	3	6

Wir beginnen bei den Einern und subtrahieren von oben nach unten:

3 E − 7 E geht nicht, ich wechsle 1 Z in 10 E um.
13 E − 7 E = 6 E
7 Z − 4 Z = 3 Z
6 H − 2 H = 4 H
Lösungszahl: 436

① Schreibe die Aufgaben in die Stellenwerttabellen. Subtrahiere alle Zahlen von oben nach unten. Beginne immer bei den Einern. Wechsle jeweils einen Zehner oder einen Hunderter um.

a) 642 − 326

H	Z	E
	3	12
6	4̸	2̸
− 3	2	6
3	1	6

b) 863 − 418

H	Z	E
	5	13
8	6̸	3̸
− 4	1	8
4	4	5

c) 575 − 139

H	Z	E
	6	15
5	7̸	5̸
− 1	3	9
4	3	6

d) 431 − 217

H	Z	E
	2	11
4	3̸	1̸
− 2	1	7
2	1	4

e) 381 − 224

H	Z	E
	7	11
3	8̸	1̸
− 2	2	4
1	5	7

f) 984 − 656

H	Z	E
	7	14
9	8̸	4̸
− 6	5	6
3	2	8

g) 750 − 549

H	Z	E
	4	10
7	5̸	0̸
− 5	4	9
2	0	1

h) 342 − 115

H	Z	E
	3	12
3	4̸	2̸
− 1	1	5
2	2	7

i) 438 − 163

H	Z	E
3	13	
4̸	3̸	8
− 1	6	3
2	7	5

j) 608 − 547

H	Z	E
5	10	
6̸	0̸	8
− 5	4	7
	6	1

k) 814 − 473

H	Z	E
7	11	
8̸	1̸	4
− 4	7	3
3	4	1

l) 966 − 189

H	Z	E
8	15	16
9̸	6̸	6̸
− 1	8	9
7	7	7

Seite 70

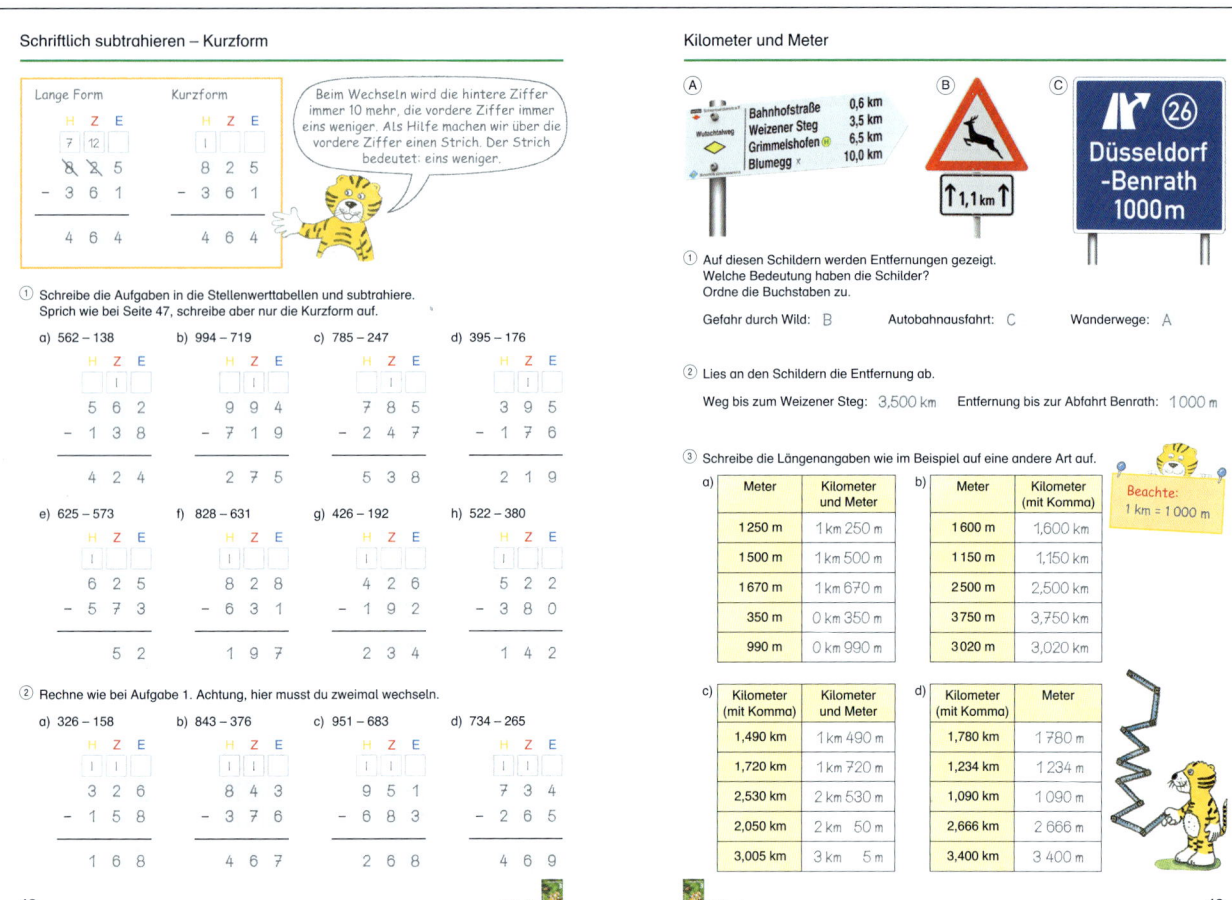

Schriftlich subtrahieren – Kurzform

Lange Form	Kurzform

Beim Wechseln wird die hintere Ziffer immer 10 mehr, die vordere Ziffer immer eins weniger. Als Hilfe machen wir über die vordere Ziffer einen Strich. Der Strich bedeutet: eins weniger.

① Schreibe die Aufgaben in die Stellenwerttabellen und subtrahiere. Sprich wie bei Seite 47, schreibe aber nur die Kurzform auf.

a) 562 – 138
```
  5 6 2
- 1 3 8
-------
  4 2 4
```

b) 994 – 719
```
  9 9 4
- 7 1 9
-------
  2 7 5
```

c) 785 – 247
```
  7 8 5
- 2 4 7
-------
  5 3 8
```

d) 395 – 176
```
  3 9 5
- 1 7 6
-------
  2 1 9
```

e) 625 – 573
```
  6 2 5
- 5 7 3
-------
    5 2
```

f) 828 – 631
```
  8 2 8
- 6 3 1
-------
  1 9 7
```

g) 426 – 192
```
  4 2 6
- 1 9 2
-------
  2 3 4
```

h) 522 – 380
```
  5 2 2
- 3 8 0
-------
  1 4 2
```

② Rechne wie bei Aufgabe 1. Achtung, hier musst du zweimal wechseln.

a) 326 – 158
```
  3 2 6
- 1 5 8
-------
  1 6 8
```

b) 843 – 376
```
  8 4 3
- 3 7 6
-------
  4 6 7
```

c) 951 – 683
```
  9 5 1
- 6 8 3
-------
  2 6 8
```

d) 734 – 265
```
  7 3 4
- 2 6 5
-------
  4 6 9
```

48   Seite 72

Kilometer und Meter

Ⓐ
Bahnhofstraße	0,6 km
Weizener Steg	3,5 km
Grimmelshofen	6,5 km
Blumegg	10,0 km

Ⓑ ↑ 1,1 km ↑

Ⓒ Düsseldorf -Benrath 1000 m (26)

① Auf diesen Schildern werden Entfernungen gezeigt. Welche Bedeutung haben die Schilder? Ordne die Buchstaben zu.

Gefahr durch Wild: B   Autobahnausfahrt: C   Wanderwege: A

② Lies an den Schildern die Entfernung ab.

Weg bis zum Weizener Steg: 3,500 km   Entfernung bis zur Abfahrt Benrath: 1000 m

③ Schreibe die Längenangaben wie im Beispiel auf eine andere Art auf.

Beachte: 1 km = 1000 m

a)
Meter	Kilometer und Meter
1250 m	1 km 250 m
1500 m	1 km 500 m
1670 m	1 km 670 m
350 m	0 km 350 m
990 m	0 km 990 m

b)
Meter	Kilometer (mit Komma)
1600 m	1,600 km
1150 m	1,150 km
2500 m	2,500 km
3750 m	3,750 km
3020 m	3,020 km

c)
Kilometer (mit Komma)	Kilometer und Meter
1,490 km	1 km 490 m
1,720 km	1 km 720 m
2,530 km	2 km 530 m
2,050 km	2 km 50 m
3,005 km	3 km 5 m

d)
Kilometer (mit Komma)	Meter
1,780 km	1780 m
1,234 km	1234 m
1,090 km	1090 m
2,666 km	2666 m
3,400 km	3400 m

Seite 76   49

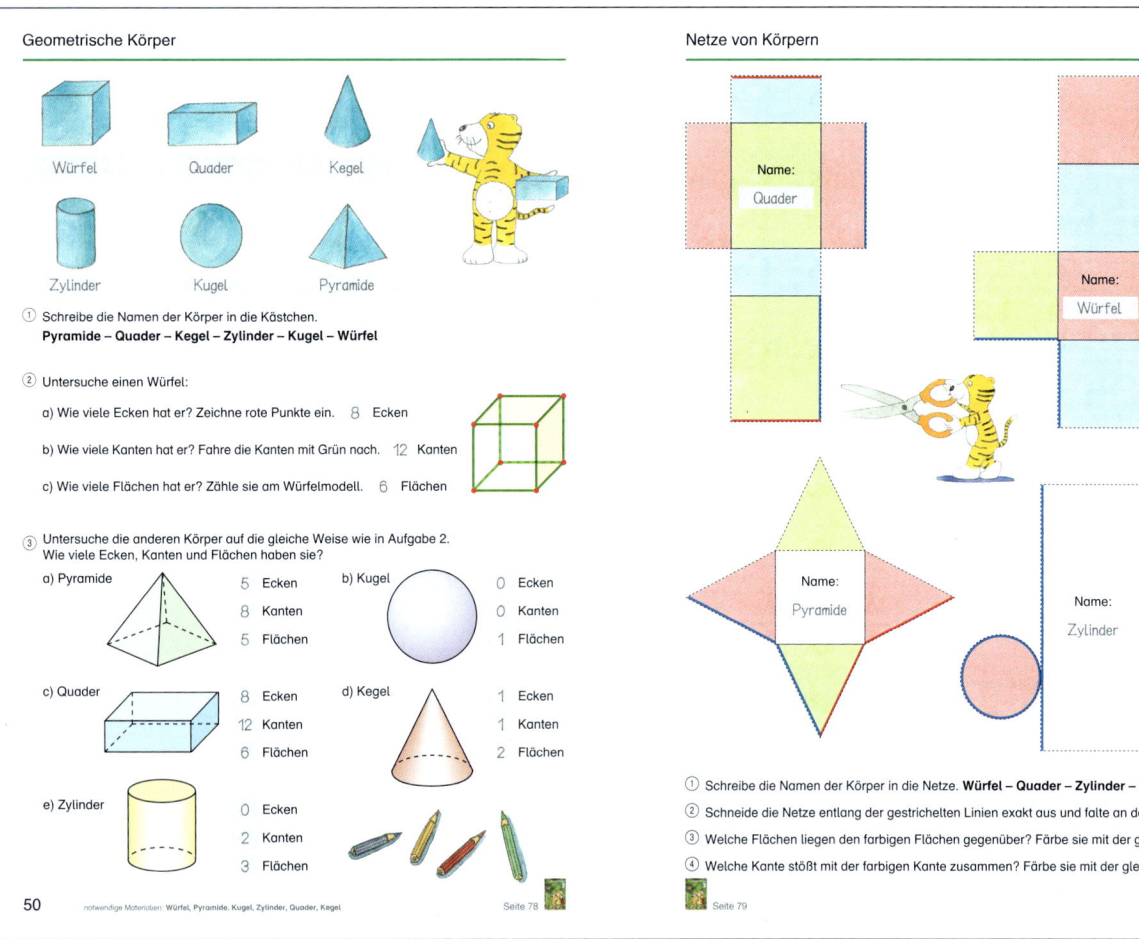

Geometrische Körper

Würfel   Quader   Kegel   Zylinder   Kugel   Pyramide

① Schreibe die Namen der Körper in die Kästchen.
Pyramide – Quader – Kegel – Zylinder – Kugel – Würfel

② Untersuche einen Würfel:

a) Wie viele Ecken hat er? Zeichne rote Punkte ein.   8   Ecken

b) Wie viele Kanten hat er? Fahre die Kanten mit Grün nach.   12   Kanten

c) Wie viele Flächen hat er? Zähle sie am Würfelmodell.   6   Flächen

③ Untersuche die anderen Körper auf die gleiche Weise wie in Aufgabe 2. Wie viele Ecken, Kanten und Flächen haben sie?

a) Pyramide   5 Ecken   8 Kanten   5 Flächen

b) Kugel   0 Ecken   0 Kanten   1 Flächen

c) Quader   8 Ecken   12 Kanten   6 Flächen

d) Kegel   1 Ecken   1 Kanten   2 Flächen

e) Zylinder   0 Ecken   2 Kanten   3 Flächen

50   notwendige Materialien: Würfel, Pyramide, Kugel, Zylinder, Quader, Kegel   Seite 78

Netze von Körpern

Name: Quader

Name: Würfel

Name: Pyramide

Name: Zylinder

① Schreibe die Namen der Körper in die Netze. **Würfel – Quader – Zylinder – Pyramide**
② Schneide die Netze entlang der gestrichelten Linien exakt aus und falte an den Kanten.
③ Welche Flächen liegen den farbigen Flächen gegenüber? Färbe sie mit der gleichen Farbe.
④ Welche Kante stößt mit der farbigen Kante zusammen? Färbe sie mit der gleichen Farbe.

Seite 79   51

Netze von Körpern

Halbschriftlich multiplizieren

$$16 \cdot 4 = 64$$
$$10 \cdot 4 = 40$$
$$6 \cdot 4 = 24$$

So kannst du große Einmaleinsaufgaben lösen:
Multipliziere zuerst die **Zehnerzahl**.
Multipliziere dann die **Einerzahl**.
Addiere zum Schluss die beiden Ergebnisse.

multiplizieren mal ⊙
dividieren geteilt durch ⊙

① Rechne wie im Beispiel oben.

a) $14 \cdot 6 = 84$
$10 \cdot 6 = 60$
$4 \cdot 6 = 24$

b) $15 \cdot 3 = 45$
$10 \cdot 3 = 30$
$5 \cdot 3 = 15$

c) $19 \cdot 2 = 38$
$10 \cdot 2 = 20$
$9 \cdot 2 = 18$

d) $12 \cdot 8 = 96$
$10 \cdot 8 = 80$
$2 \cdot 8 = 16$

e) $13 \cdot 7 = 91$
$10 \cdot 7 = 70$
$3 \cdot 7 = 21$

f) $17 \cdot 5 = 85$
$10 \cdot 5 = 50$
$7 \cdot 5 = 35$

g) $18 \cdot 4 = 72$
$10 \cdot 4 = 40$
$8 \cdot 4 = 32$

h) $16 \cdot 6 = 96$
$10 \cdot 6 = 60$
$6 \cdot 6 = 36$

② Rechne auch hier wie im Beispiel oben.
Achtung, hier steht die große Zahl an zweiter Stelle.

a) $4 \cdot 14 = 56$
$4 \cdot 10 = 40$
$4 \cdot 4 = 16$

b) $5 \cdot 18 = 90$
$5 \cdot 10 = 50$
$5 \cdot 8 = 40$

c) $6 \cdot 12 = 72$
$6 \cdot 10 = 60$
$6 \cdot 2 = 12$

d) $7 \cdot 11 = 77$
$7 \cdot 10 = 70$
$7 \cdot 1 = 7$

e) $5 \cdot 16 = 80$
$5 \cdot 10 = 50$
$5 \cdot 6 = 30$

f) $3 \cdot 17 = 51$
$3 \cdot 10 = 30$
$3 \cdot 7 = 21$

g) $4 \cdot 18 = 72$
$4 \cdot 10 = 40$
$4 \cdot 8 = 32$

h) $3 \cdot 19 = 57$
$3 \cdot 10 = 30$
$3 \cdot 9 = 27$

③ Löse diese Einmaleinsaufgaben im Kopf.

a)
$3 \cdot 11 = 33$
$4 \cdot 11 = 44$
$6 \cdot 11 = 66$
$8 \cdot 11 = 88$

b)
$10 \cdot 9 = 90$
$10 \cdot 7 = 70$
$10 \cdot 5 = 50$
$10 \cdot 2 = 20$

c)
$2 \cdot 12 = 24$
$2 \cdot 14 = 28$
$2 \cdot 15 = 30$
$2 \cdot 18 = 36$

d)
$3 \cdot 12 = 36$
$4 \cdot 12 = 48$
$2 \cdot 13 = 26$
$3 \cdot 13 = 39$

Seite 83   nützliche Materialien: **Einmaleinstabelle (Rückseite)**

Halbschriftlich dividieren

$$42 : 3 = 14$$
$$30 : 3 = 10$$
$$12 : 3 = 4$$

So kannst du große Geteiltaufgaben lösen:
Suche zuerst die passende **Zehnerzahl** und dividiere.
Subtrahiere die Zehnerzahl von der großen Zahl.
Dividiere **den Rest**.
Addiere zum Schluss die beiden Ergebnisse.

dividieren geteilt durch ⊙
multiplizieren mal ⊙

① Rechne wie im Beispiel oben.

a) $75 : 5 = 15$
$50 : 5 = 10$
$25 : 5 = 5$

b) $48 : 4 = 12$
$40 : 4 = 10$
$8 : 4 = 2$

c) $65 : 5 = 13$
$50 : 5 = 10$
$15 : 5 = 3$

d) $78 : 6 = 13$
$60 : 6 = 10$
$18 : 6 = 3$

e) $90 : 6 = 15$
$60 : 6 = 10$
$30 : 6 = 5$

f) $91 : 7 = 13$
$70 : 7 = 10$
$21 : 7 = 3$

g) $96 : 8 = 12$
$80 : 8 = 10$
$16 : 8 = 2$

h) $36 : 2 = 18$
$20 : 2 = 10$
$16 : 2 = 8$

② Anna schneidet ein 80 cm langes Band in 5 gleich lange Teile.
F: Wie lang ist jedes Teil?

Skizze:

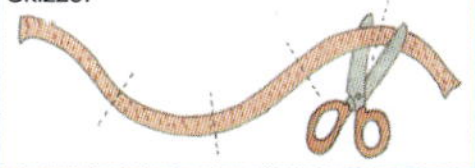

R: $80 : 5 = 16$
$50 : 5 = 10$
$30 : 5 = 6$

A: Jedes Teil ist 16 cm lang.

③ Malik zersägt eine 76 cm lange Latte in 4 gleiche Teile.
F: Wie lang ist jedes Teil?

Skizze:
76 cm

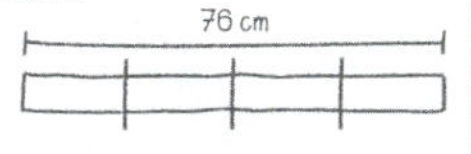

R: $76 : 4 = 19$
$40 : 4 = 10$
$36 : 4 = 9$

A: Jedes Teil ist 19 cm lang.

Seite 84

Stunden und Minuten

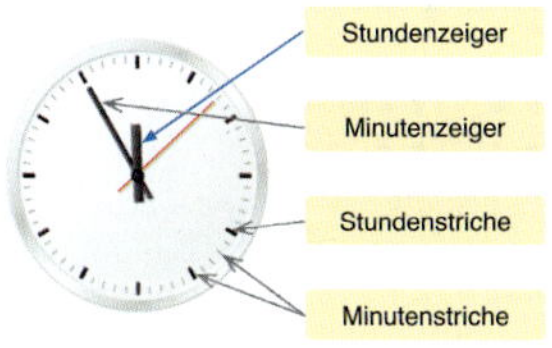

Stundenzeiger
Minutenzeiger
Stundenstriche
Minutenstriche

① Untersuche eine Uhr.
Ordne die Begriffe mit Pfeilen zu.
Welcher Zeiger ist der Stundenzeiger?
Welcher Zeiger ist der Minutenzeiger?
Welche Striche zeigen die Stunden an?
Welche Striche zeigen die Minuten an?

1 Stunde = 60 Minuten

1 h = 60 min

② Wie viele Minuten sind seit der letzten vollen Stunde vergangen?
Überprüfe mit einer Lernuhr.

a) 9.00 Uhr → 15 min → 9.15 Uhr

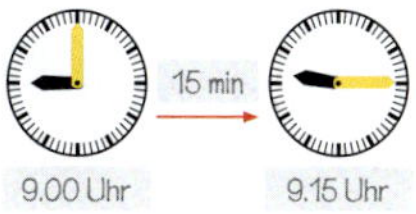

b)* 11.00 Uhr → 25 min → 11.25 Uhr

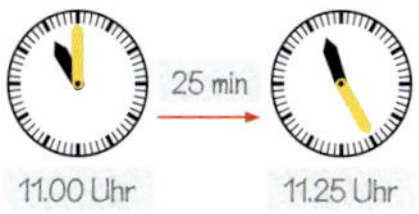

c)* 6.00 Uhr → 40 min → 6.40 Uhr

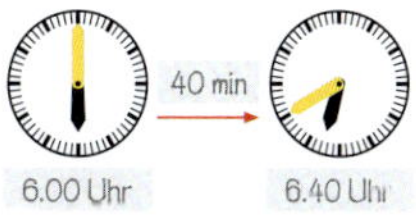

d)* 3.00 Uhr → 55 min → 3.55 Uhr

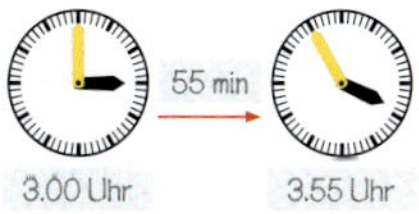

③ Wie viele Minuten sind es bis zur nächsten vollen Stunde?
Überprüfe mit einer Lernuhr.

a) 1.45 Uhr → 15 min → 2.00 Uhr

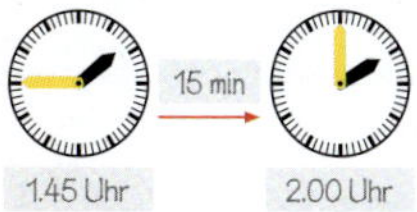

b)* 4.20 Uhr → 40 min → 5.00 Uhr

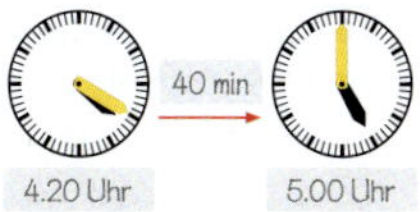

c)* 8.10 Uhr → 50 min → 9.00 Uhr

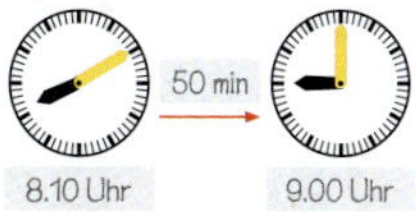

d)* 7.35 Uhr → 25 min → 8.00 Uhr

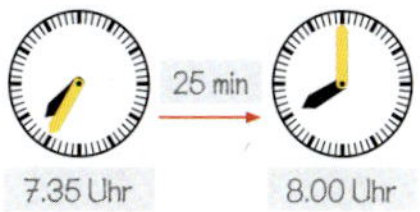

* Mehrere Lösungen sind möglich.

Seite 86   notwendige Materialien: **Lernuhr**

Lösungen Seite 56 – 59

Minuten und Sekunden

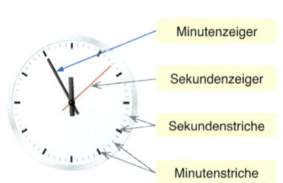

① Untersuche eine Uhr mit Sekundenzeiger.
Ordne die Begriffe mit Pfeilen zu.
Welcher Zeiger ist der Minutenzeiger?
Welcher Zeiger ist der Sekundenzeiger?
Welche Striche zeigen die Sekunden an?
Welche Striche zeigen die Minuten an?

Minutenzeiger
Sekundenzeiger
Sekundenstriche
Minutenstriche

② Beobachte den Sekundenzeiger
eine Minute lang.

1 Minute = 60 Sekunden

1 min = 60 s

③ Wie viele Sekunden sind seit der letzten vollen Minute vergangen?

a)    b)   c)    d)

  10 s   35 s   22 s   54 s

④ Wie viele Sekunden sind es bis zur nächsten vollen Minute?

a)    b)    c) 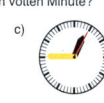   d)

  20 s   30 s   55 s   12 s

1 min = 60 s

⑤ Wandle in Sekunden um.

1 min 20 s = 60 s + 20 s = 80 s
1 min 40 s = 60 s + 40 s = 100 s
1 min 5 s = 60 s + 5 s = 65 s
2 min 35 s = 120 s + 35 s = 155 s
2 min 10 s = 120 s + 10 s = 130 s

⑥ Wandle in Minuten und Sekunden um.

65 s = 60 s + 5 s = 1 min 5 s
85 s = 60 s + 25 s = 1 min 25 s
92 s = 60 s + 32 s = 1 min 32 s
100 s = 60 s + 40 s = 1 min 40 s
120 s = 60 s + 60 s = 2 min

56   notwendige Materialien: Uhr mit Sekundenzeige   Seite 87

Daten und Diagramme

Dies ist ein Säulendiagramm zu den Schuhgrößen der Klasse 3a der Schillerschule.

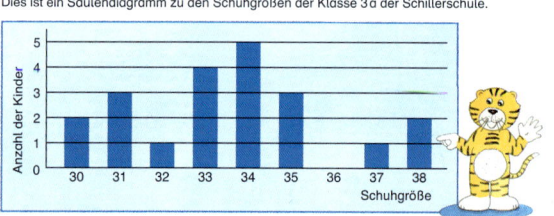

① Übertrage das Diagramm in die Tabelle.

Schuhgröße	30	31	32	33	34	35	36	37	38
Anzahl der Kinder	2	3	1	4	5	3	0	1	2

② Wie viele Kinder sind in der Klasse?
Addiere alle Anzahlen.

R: 2 + 3 + 1 + 4 + 5 + 3 + 0 + 1 + 2 = 2 1

A: In der Klasse sind 21 Kinder.

In der Tabelle sind die Schuhgrößen der Klasse 3b aufgeschrieben.

Schuhgröße	30	31	32	33	34	35	36	37	38
Anzahl der Kinder	1	2	4	0	5	3	1	4	2

③ Übertrage die Tabelle in das Säulendiagramm.

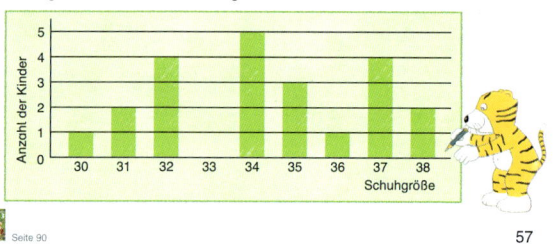

Seite 90   57

Wahrscheinlichkeit – sicher, möglich, unmöglich

① a) Würfle mit 2 Würfeln 20-mal und addiere jeweils die beiden Zahlen.
Schreibe die Ergebnisse in der Tabelle auf.

zweite Zahl / erste Zahl	•	••	•••	••••	•••••	••••••
•	2	3	4	5	6	7
••	3	4	5	6	7	8
•••	4	5	6	7	8	9
••••	5	6	7	8	9	10
•••••	6	7	8	9	10	11
••••••	7	8	9	10	11	12

b) Fülle die Tabelle mit den Ergebnissen aus, die es noch geben kann.

② a) Welche Ergebnisse kommen nur einmal vor?   2   12

b) Welches Ergebnis kommt am häufigsten vor?   7

c) Wie oft kommt die 5 vor?   4 -mal

Das bedeuten die Wörter:
sicher: das ist ganz bestimmt so
möglich: vielleicht ist es so
unmöglich: das kann nicht sein

③ Beantworte die Fragen.
Die Tabelle kann dir dabei helfen.

Wenn du mit zwei Würfeln würfelst und das Ergebnis addierst, …

a) … ist es dann sicher, dass das Ergebnis 7 ist? nein

b) … ist es dann möglich, dass das Ergebnis 11 ist? ja

c) … ist es dann unmöglich, dass das Ergebnis 1 ist? ja

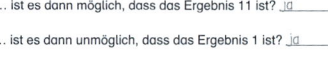

58   notwendige Materialien: 2 Sechserwürfel   Seite 91

Kreise

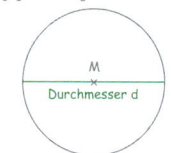

Der Mittelpunkt M ist genau in der Mitte eines Kreises.

Der Radius r ist der Abstand vom Mittelpunkt zur Kreislinie

Der Durchmesser d ist der Abstand von der Kreis-linie durch den Mittelpunkt zur gegenüberliegenden Kreislinie.

Mittelpunkt M
Radius r
Durchmesser d

① Zeichne in jeden Kreis den Radius r und den Durchmesser d ein und beschrifte sie.

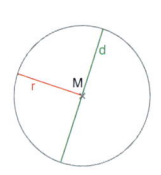   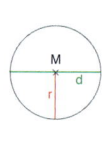   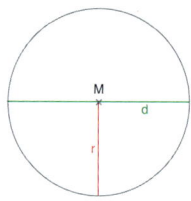

② Zeichne Kreise.
Stich mit der Metallspitze in den Mittelpunkt.
Setze dann die Bleistiftspitze auf das Ende der Radiuslinie.
Zeichne nun den Kreis.
Miss zum Schluss den Radius.

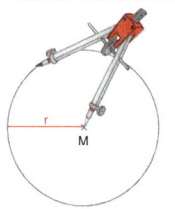

Radius r = 2,5 cm   Radius r = 4 cm

Seite 92   notwendige Materialien: Zirkel   59

Liter und Milliliter messen

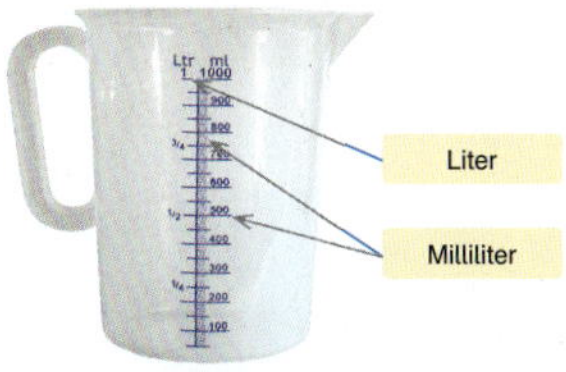

① Untersuche einen Messbecher. Ordne die Begriffe mit Pfeilen zu. Welche Striche zeigen Milliliter? Welche Striche zeigen Liter?

Liter

Milliliter

1 Liter = 1000 Milliliter

1 l = 1000 ml

② Fülle einen Messbecher mit den angegebenen Wassermengen. Zeichne in jedes Bild die Füllhöhe.

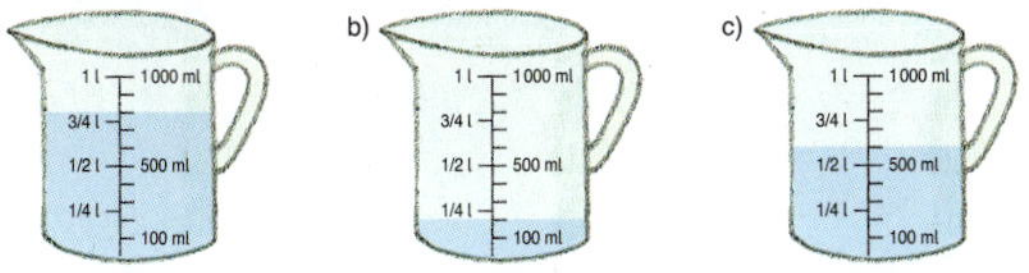

a) 800 ml
b) 200 ml
c) 600 ml
d) 350 ml 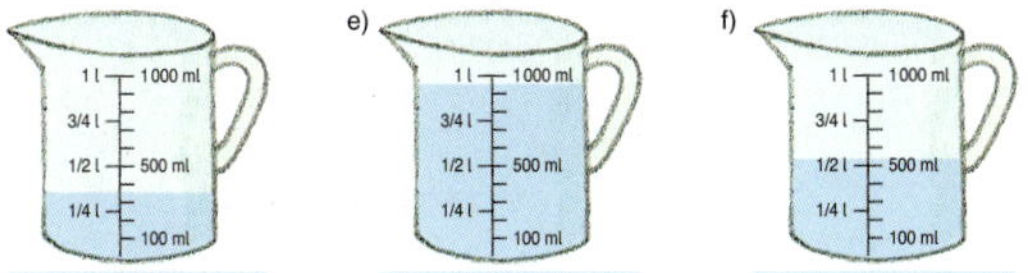
e) 950 ml
f) 520 ml

③ Kannst du auch die folgenden Angaben am Messbecher entdecken? Fülle ihn mit den angegebenen Wassermengen und zeichne die Füllhöhe ein. Schreibe auf, wie viel Milliliter das jeweils sind.

a) 1/4 l = 250 ml
b) 1/2 l = 500 ml
c) 3/4 l = 750 ml

notwendige Materialien: 1-Liter-Messbecher Seite 97 – 98

Liter und Milliliter

Beachte: 1 l = 1000 ml

① Wie viel fehlt zum vollen Liter? Zeichne die fehlende Menge ein.

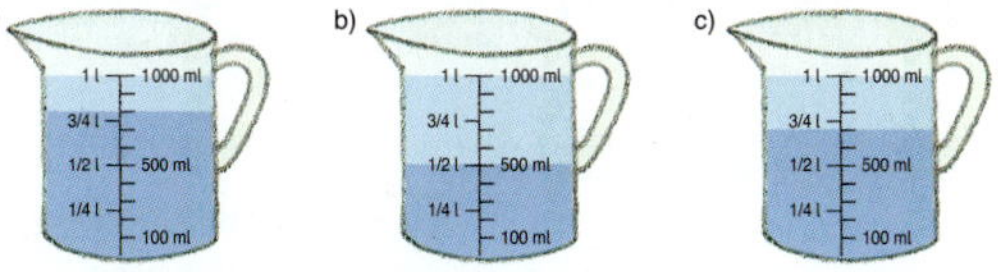

a) 800 ml + 200 ml = 1 l
b) 500 ml + 500 ml = 1 l
c) 700 ml + 300 ml = 1 l
d) 750 ml + 250 ml = 1 l 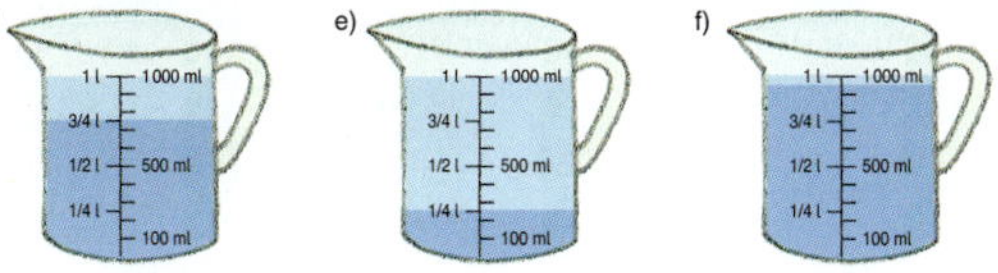
e) 250 ml + 750 ml = 1 l
f) 950 ml + 50 ml = 1 l

② Schreibe die Mengenangaben wie im Beispiel auf eine andere Art auf.

a)
Milliliter	Liter und Milliliter
1 350 ml	1 l 350 ml
1 400 ml	1 l 400 ml
250 ml	0 l 250 ml
890 ml	0 l 890 ml

b)
Milliliter	Liter (mit Komma)
1 900 ml	1,900 l
1 250 ml	1,250 l
2 650 ml	2,650 l
3 040 ml	3,040 l

c)
Liter (mit Komma)	Liter und Milliliter
1,860 l	1 l 860 ml
2,370 l	2 l 370 ml
3,090 l	3 l 90 ml
0,250 l	0 l 250 ml

d)
Liter (mit Komma)	Milliliter
1,490 l	1490 ml
1,456 l	1456 ml
2,050 l	2 050 ml
0,987 l	987 ml

Seite 98 nützliche Materialien: 1-Liter-Messbecher

Körper und ihre Baupläne

Ein Bauplan zeigt dir, wie viele Steckwürfel auf jedem Quadrat des Bauplans übereinanderstehen.

Körper

Bauplan

3	2	1
1	1	0

① Stelle auf die Quadrate der Baupläne so viele Steckwürfel, wie angegeben. Betrachte deine Bauwerke.

a)
2	3	2
1	2	1

b)
1	4
2	3
3	2
4	1

c)
5	4	3
4	3	2
3	2	1

② Baue die Körper mit Steckwürfeln nach. Fülle dann die Baupläne aus.

a)
2	3	2
1	2	1
1	1	1

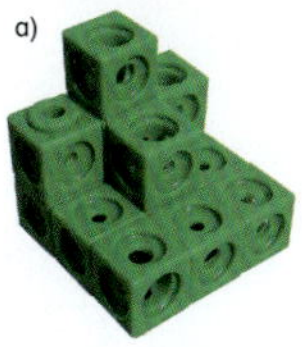

b)
3	4
2	2
	1
	1

notwendige Materialien: Steckwürfel Seite 101

Körper und ihre Ansichten

① Baue den Körper nach und betrachte ihn von vorne, von hinten, von rechts und von links. Trage jeweils ein, von welcher Seite der Körper gezeigt wird.

Körper

von links
von hinten
von rechts
von vorne

Ansichten

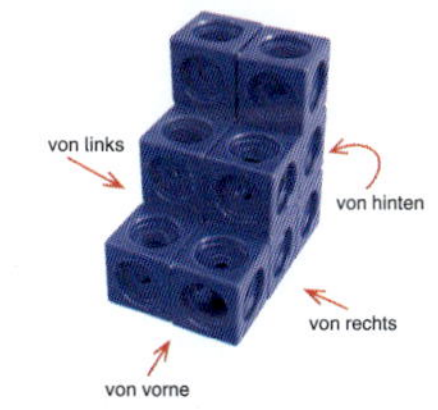

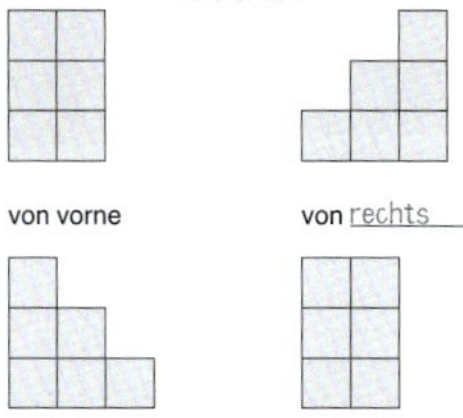

von vorne
von rechts

von links
von hinten

② Baue auch diesen Körper nach und betrachte ihn von allen Seiten. Trage auch hier jeweils ein, von welcher Seite der Körper gezeigt wird.

von links
von hinten
von rechts
von vorne

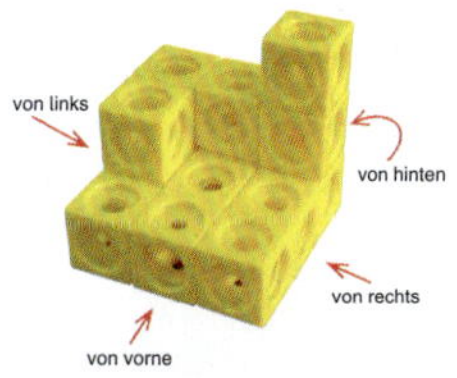

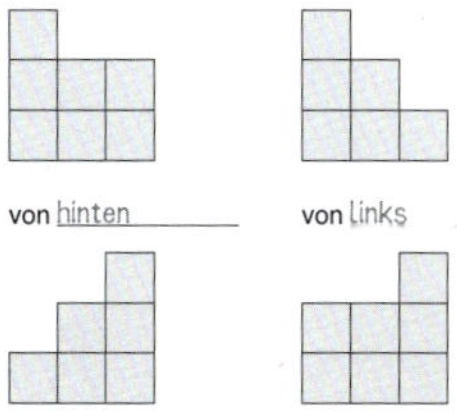

von hinten
von links

von rechts
von vorne

③ Baue den Körper nach und zeichne die Ansicht von vorne und von rechts.

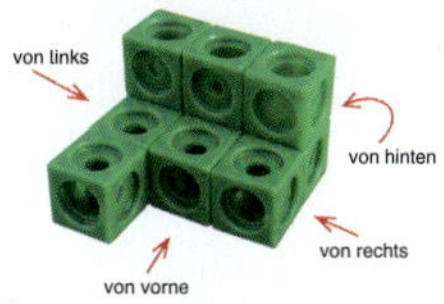

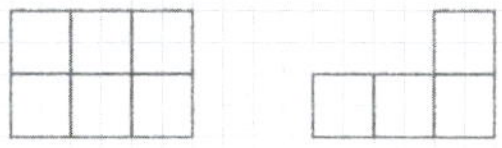

von links
von hinten
von rechts
von vorne

von vorne
von rechts

Seite 101 notwendige Materialien: Steckwürfel

Lösungen Seite 64

Knobeln mit Ziffern

Verwende für die Aufgaben diese neun Ziffern:

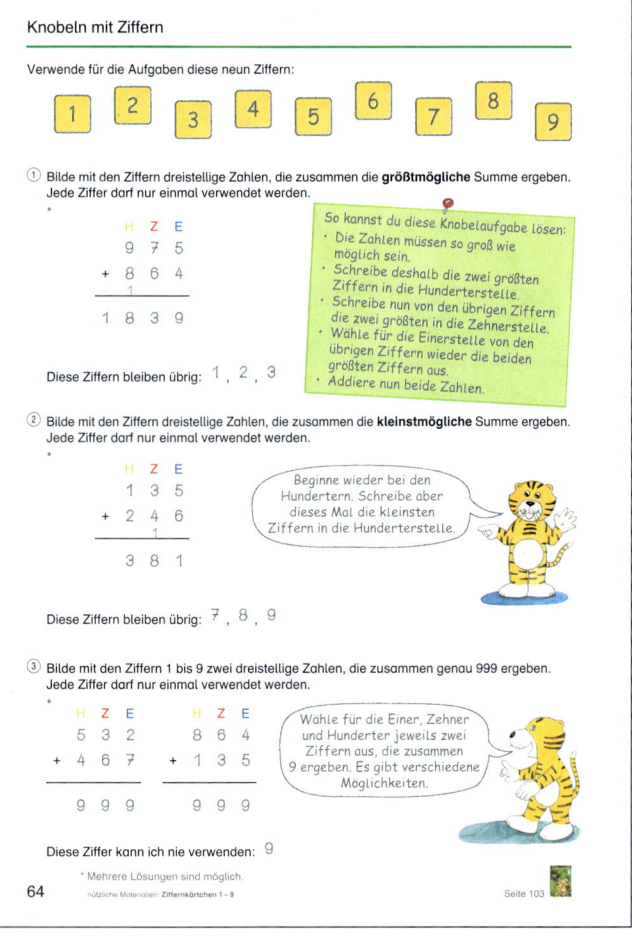

1 2 3 4 5 6 7 8 9

① Bilde mit den Ziffern dreistellige Zahlen, die zusammen die **größtmögliche** Summe ergeben.
Jede Ziffer darf nur einmal verwendet werden.

```
    H  Z  E
    9  7  5
 +  8  6  4
    1
 ─────────
 1  8  3  9
```

So kannst du diese Knobelaufgabe lösen:
- Die Zahlen müssen so groß wie möglich sein.
- Schreibe deshalb die zwei größten Ziffern in die Hunderterstelle.
- Schreibe nun von den übrigen Ziffern die zwei größten in die Zehnerstelle.
- Wähle für die Einerstelle von den übrigen Ziffern wieder die beiden größten Ziffern aus.
- Addiere nun beide Zahlen.

Diese Ziffern bleiben übrig: 1 , 2 , 3

② Bilde mit den Ziffern dreistellige Zahlen, die zusammen die **kleinstmögliche** Summe ergeben.
Jede Ziffer darf nur einmal verwendet werden.

```
    H  Z  E
    1  3  5
 +  2  4  6
    1
 ─────────
    3  8  1
```

Beginne wieder bei den Hundertern. Schreibe aber dieses Mal die kleinsten Ziffern in die Hunderterstelle.

Diese Ziffern bleiben übrig: 7 , 8 , 9

③ Bilde mit den Ziffern 1 bis 9 zwei dreistellige Zahlen, die zusammen genau 999 ergeben.
Jede Ziffer darf nur einmal verwendet werden.

```
    H  Z  E          H  Z  E
    5  3  2          8  6  4
 +  4  6  7       +  1  3  5
 ─────────        ─────────
    9  9  9          9  9  9
```

Wähle für die Einer, Zehner und Hunderter jeweils zwei Ziffern aus, die zusammen 9 ergeben. Es gibt verschiedene Möglichkeiten.

Diese Ziffer kann ich nie verwenden: 9

* Mehrere Lösungen sind möglich.

nützliche Materialien: Ziffernkärtchen 1 – 9

Seite 103

Beilage 2: Zahlenstrahl

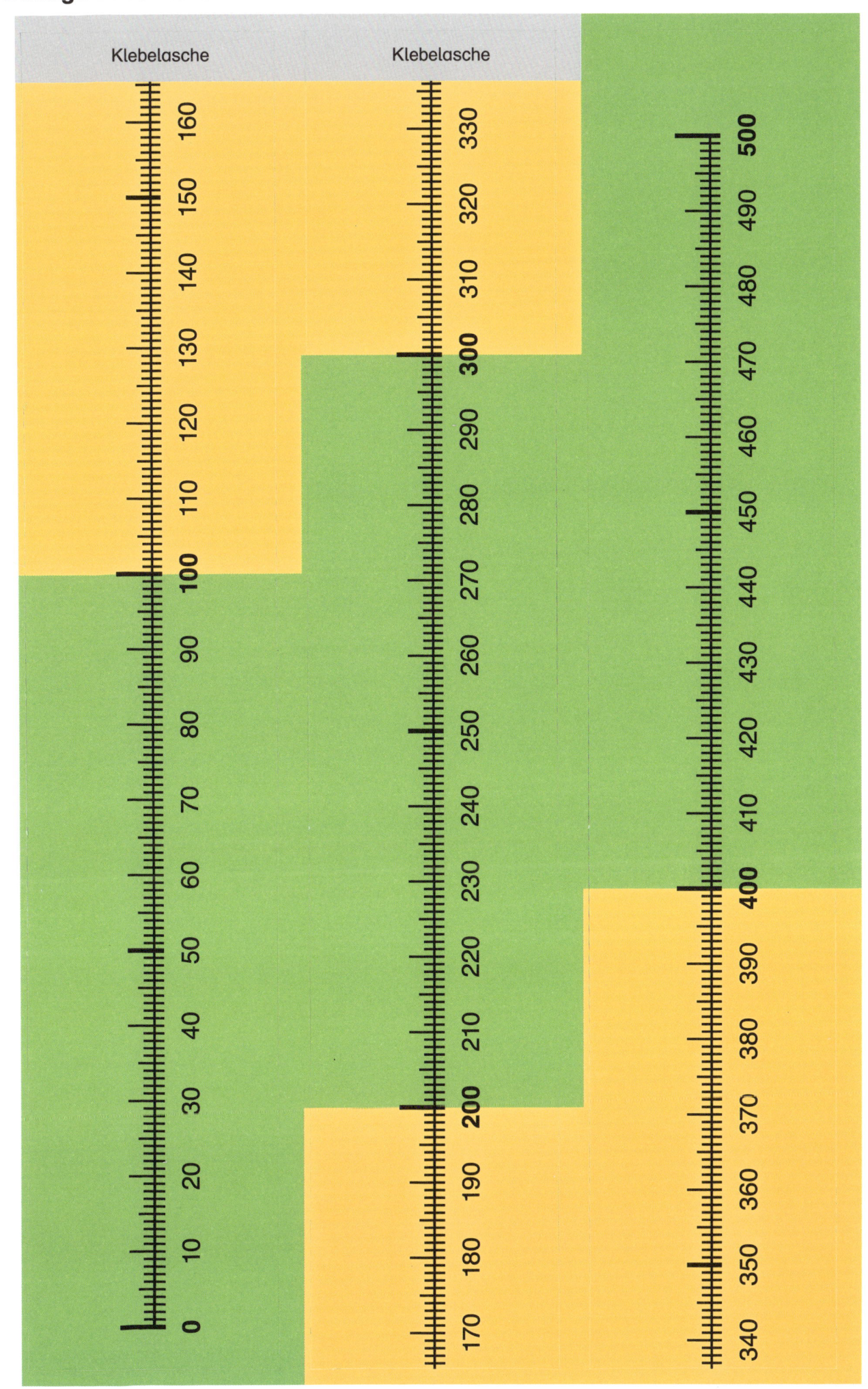

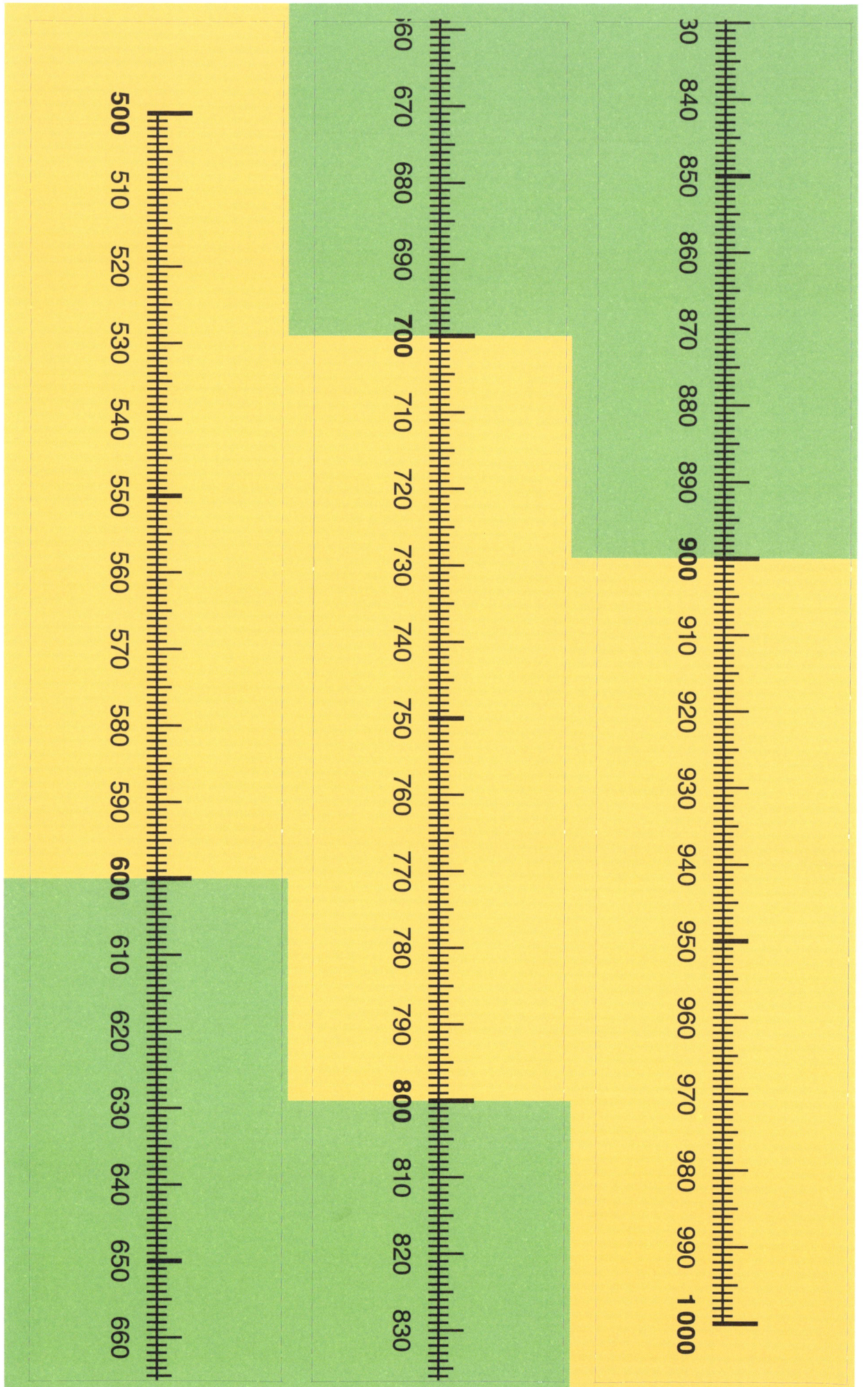

Dividieren von Zehnerzahlen

① Auch beim Dividieren mit Zehnerzahlen kannst du den Trick von Seite 32 anwenden.
Untersuche die Aufgaben und erkläre den Trick mit deinen Worten.

35 : 7 = 5	48 : 6 = 8	27 : 3 = 9	63 : 9 = 7
350 : 7 = 50	480 : 6 = 80	270 : 3 = 90	630 : 9 = 70

So geht der Trick: _____

_____

② Wende den Trick bei diesen Aufgaben an.

a)　30 : 5 = ____　　b)　27 : 9 = ____　　c)　15 : 3 = ____

　　300 : 5 = ____　　　270 : 9 = ____　　　150 : 3 = ____

d)　36 : 4 = ____　　e)　18 : 2 = ____　　f)　64 : 8 = ____

　　360 : 4 = ____　　　180 : 2 = ____　　　640 : 8 = ____

③ Untersuche auch diese Aufgaben. Was ist hier anders?
Erkläre den Trick.

42 :　6 = 7	32 :　4 = 8	14 :　7 = 2	45 :　9 = 5
420 : 60 = 7	320 : 40 = 8	140 : 70 = 2	450 : 90 = 5

So geht der Trick: _____

_____

④ Rechne zuerst die kleine Aufgabe im Kopf,
danach die große Aufgabe mit dem Trick.

Aufgabe 4 a):
Ich rechne zuerst 24 : 4
und dann mit Trick.

a) 240 : 40 = ____　　b) 160 : 80 = ____　　c) 140 : 70 = ____

d) 420 : 70 = ____　　e) 280 : 40 = ____　　f) 810 : 90 = ____

⑤ Finde zu jeder Aufgabe eine passende große Aufgabe.

a)　　35 :　5 = ____　　　b)　12 :　3 = ____　　　c)　54 :　9 = ____

　　____ : ____ = ____　　　____ : ____ = ____　　　____ : ____ = ____

Gewichtsstücke

① Ordne die Gewichtsstücke nach ihrem Gewicht. Beginne mit dem schwersten Gewicht.
Du kannst einen Gewichtssatz zu Hilfe nehmen.

500 g, _____ , _____ , _____ , _____ , _____ , _____ , _____ , _____ ,

_____ , _____

② Wie schwer sind die Dinge?
Wiege mit einer Tafelwaage Gegenstände
und schreibe eine Plusaufgabe auf.

Beispiel:
Mäppchen: 200 g + 10 g + 5 g + 2 g = 217 g

Heft: _____

Getränk: _____

Sportschuh: _____

③ Wie schwer sind die Gewichtsstücke zusammen?
Schreibe jeweils eine Plusaufgabe auf.

a)

50 g + _____

b)

_____

c)

_____

_____

d)

_____

_____

Ergänzen zu einem Kilogramm

① So viel Gramm hat ein Kilogramm. Überprüfe dies mit einer Waage.

1 Kilogramm = ☐ Gramm

1 kg = ☐ g

② Schreibe eine Plusaufgabe passend zu Aufgabe 1 auf.
Fülle dann den Merkkasten aus.

500 g + _____

_____

③ Wie viel Gramm fehlen bis zu 1 000 Gramm?

a)

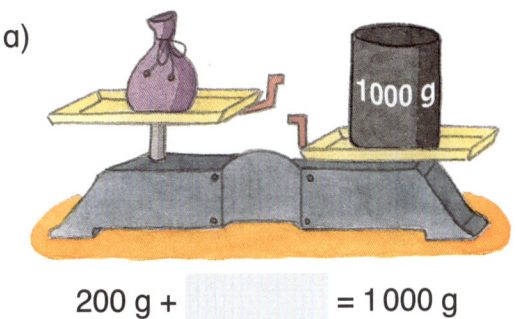

200 g + ☐ = 1 000 g

b)

600 g + ☐ = 1 000 g

c)

450 g + ☐ = 1 000 g

d)

830 g + ☐ = 1 000 g

e)

775 g + ☐ = 1 000 g

f)

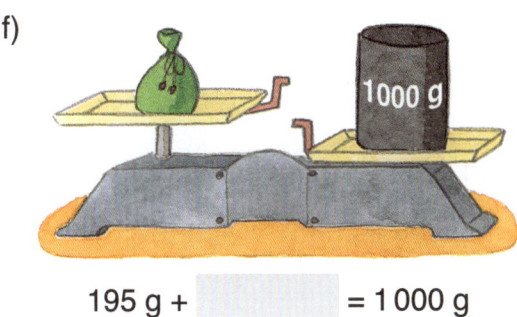

195 g + ☐ = 1 000 g

Kilogramm und Gramm

① Schreibe die Gewichtsangaben in gemischter Schreibweise auf.
Bedenke: 1 000 g = 1 kg

a)

Gramm		Kilogramm und Gramm
1 500 g	=	1 kg 500 g
1 250 g	=	
1 400 g	=	
1 950 g	=	
1 750 g	=	

b)

Gramm		Kilogramm und Gramm
1 345 g	=	
2 500 g	=	
2 250 g	=	
850 g	=	
250 g	=	

② Schreibe nun die Gewichtsangaben in Grammschreibweise auf.
Bedenke: 1 kg = 1 000 g

a)

Kilogramm und Gramm		Gramm
1 kg 600 g	=	1600 g
1 kg 190 g	=	
1 kg 465 g	=	
1 kg 990 g	=	
1 kg 275 g	=	

b)

Kilogramm und Gramm		Gramm
1 kg 555 g	=	
2 kg 750 g	=	
2 kg 345 g	=	
0 kg 50 g	=	
0 kg 950 g	=	

③ Was ist schwerer? Setze die Zeichen >, < oder = ein.
Du kannst zum Überprüfen deiner Lösung eine Waage zu Hilfe nehmen.

a) 1 kg 200 g   1 kg 20 g

b) 1 kg 140 g   1 kg 410 g

c) 1 110 g   1 100 g

d) 1 005 g   1 500 g

e) 1 kg 250 g   1 kg 520 g

f) 1 kg 750 g   1 kg 570 g

nützliche Materialien: **Gewichtssatz, Tafelwaage**
Seite 53

Zahlen runden

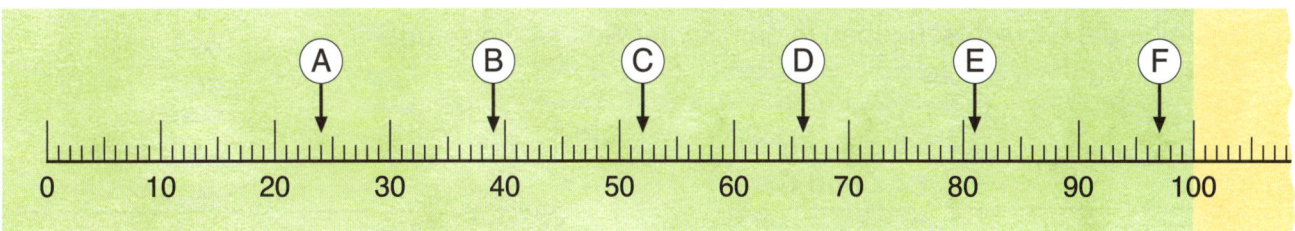

① Beim Runden auf Zehner musst du die nähere Zehnerzahl finden.
Schreibe die Zahlen A bis F mit ihren Nachbarzehnern auf.
Entscheide, welcher Zehner näher liegt und male ihn an.

| 20 | ← A: 24 → | 30 | | ← B: → | |

| | ← C: → | | | ← D: → | |

| | ← E: → | | | ← F: → | |

② Runde die Zahlen zum vollen Zehner, indem du
den näheren Zehner aufschreibst.
Finde deine Lösung mit dem Zahlenstrahl oben.
Das Zeichen ≈ bedeutet „ist rund".

Wenn es zu beiden
Zehnern gleich weit ist,
dann runden wir zum
größeren Zehner.

a) 38 ≈ 40   b) 51 ≈   c) 77 ≈   d) 25 ≈

32 ≈   59 ≈   76 ≈   45 ≈

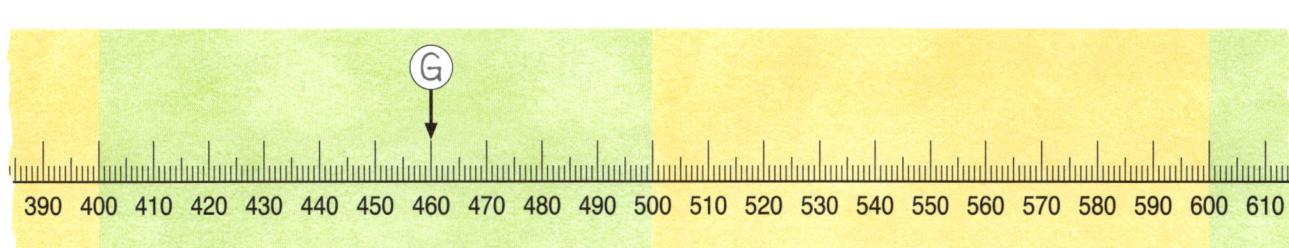

③ Markiere die Zahlen G bis L am Zahlenstrahl mit einem Pfeil und schreibe beide
Nachbarhunderter auf. Entscheide, welcher Hunderter näher liegt und male ihn an.

| 400 | ← G: 460 → | 500 | | ← H: 490 → | |

| | ← I: 510 → | | | ← J: 540 → | |

| | ← K: 570 → | | | ← L: 430 → | |

④ Runde die Zahlen zum vollen Hunderter,
indem du den näheren Hunderter aufschreibst.
Finde deine Lösung mit dem Zahlenstrahl.

Wenn es zu beiden Hundertern
gleich weit ist, dann runden
wir zum größeren Hunderter.

a) 440 ≈ 400   b) 560 ≈   c) 445 ≈   d) 550 ≈

480 ≈   515 ≈   455 ≈   551 ≈

Schriftlich addieren

	H	Z	E
	2	4	1
+	3	2	6
	5	6	7

Wir beginnen bei den Einern und addieren von oben nach unten:

$1\,E + 6\,E = 7\,E$
$4\,Z + 2\,Z = 6\,Z$
$2\,H + 3\,H = 5\,H$

Lösungszahl: 567

addieren plus ⊕
subtrahieren minus ⊖

① Schreibe die Aufgaben in die Stellenwerttabellen.
Addiere die Zahlen von oben nach unten. Beginne immer bei den Einern.

a) 412 + 365

H	Z	E
+		

b) 743 + 152

H	Z	E
+		

c) 284 + 614

H	Z	E
+		

d) 197 + 402

H	Z	E
+		

e) 176 + 503

H	Z	E
+		

f) 255 + 630

H	Z	E
+		

g) 717 + 271

H	Z	E
+		

h) 362 + 326

H	Z	E
+		

i) 631 + 208

H	Z	E
+		

j) 463 + 125

H	Z	E
+		

k) 874 + 123

H	Z	E
+		

l) 945 + 54

H	Z	E
+		

Schriftlich addieren mit Übertrag

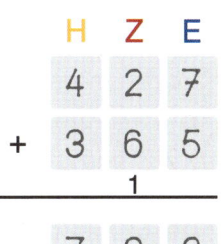

H	Z	E
4	2	7
+ 3	6	5
		1
7	9	2

Wir beginnen bei den Einern und addieren von oben nach unten:

7 E + 5 E = 12 E, schreibe 2, übertrage 1

2 Z + 6 Z + 1 Z = 9 Z

4 H + 3 H = 7 H

Lösungszahl: 792

① Schreibe die Aufgaben in die Stellenwerttabellen.
Addiere die Zahlen von oben nach unten. Beginne immer bei den Einern.
Vergiss den Übertrag nicht.

a) 326 + 258

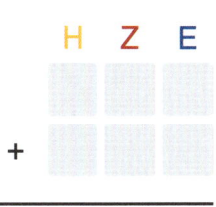

b) 617 + 274

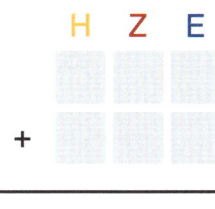

c) 538 + 339

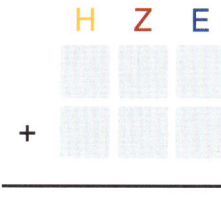

d) 437 + 356

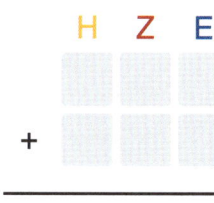

e) 451 + 186

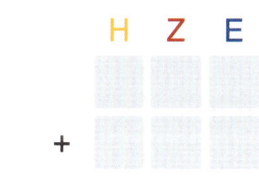

f) 294 + 162

g) 136 + 580

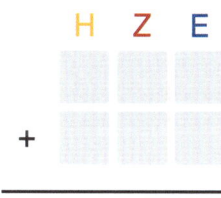

h) 372 + 445

i) 586 + 237

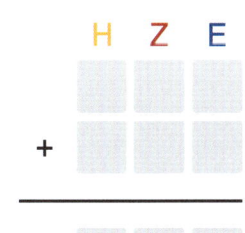

j) 468 + 162

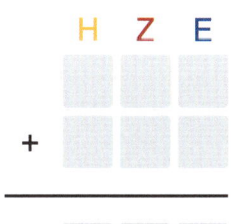

k) 184 + 759

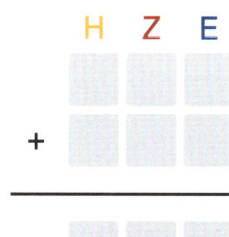

l) 226 + 487

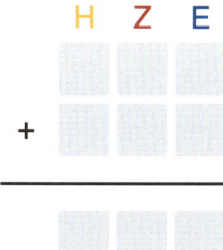

Schriftlich addieren – Ziffern und Fehler finden

Sprechweise:

6 E + wie viel E = 8 E?
6 E + **2** E = 8 E, ich trage die 2 ein
2 Z + wie viel Z = 5 Z?
2 Z + **3** Z = 5 Z, ich trage die 3 ein
5 H + wie viel H = 9 H?
5 H + **4** H = 9 H

① Sprich die Aufgaben in der Sprechweise wie oben und finde die fehlenden Ziffern.

a)
```
 H Z E
 3 6 1
+     4
───────
 6 8 5
```

b)
```
 H Z E
 7 2 3
+
───────
 8 7 4
```

c)
```
 H Z E
 2 5 4
+
───────
 5 9 7
```

d)
```
 H Z E
 4 0 6
+
───────
 7 2 9
```

② Rechne wie bei Aufgabe 1. Achtung, diese Aufgaben sind mit Übertrag.

a)
```
 H Z E
 5 3 6
+     6
   1
───────
 6 6 2
```

b)
```
 H Z E
 1 5 9
+
───────
 4 9 1
```

c)
```
 H Z E
 3 6 5
+
───────
 6 1 7
```

d)
```
 H Z E
 6 4 7
+
───────
 7 3 8
```

③ In diese Aufgaben haben sich Fehler eingeschlichen.
Streiche die falschen Ziffern durch und schreibe jeweils die richtigen Aufgaben darunter.

a)
```
  H Z E
  6 2 4
+ 3 1 5
───────
  9 4 9
```

b)
```
  H Z E
  5 6 1
+ 1 7 6
───────
  6 3 7
```

c)
```
  H Z E
  7 3 8
+ 2 4 6
    1
───────
  9 8 6
```

d)
```
  H Z E
  4 5 7
+ 1 8 4
    1 1
───────
  5 3 1
```

Seite 59

Hilfen für Sachaufgaben – Skizzen

① Beschrifte die Skizze mit den Angaben aus dem Text.

Der Schulhof ist 24 m lang und 18 m breit.
In der Mitte ist ein Hüpffeld mit 6 m Länge
und 2 m Breite aufgezeichnet.

Skizze:

24 m

> Sachaufgaben kannst du manchmal mithilfe von einfachen, ungefähren Zeichnungen (Skizzen) leichter lösen.

② Fertige zu jedem Text eine Skizze an. Beschrifte die wichtigen Teile deiner Zeichnung.

a) Das Schwimmbad von Altdorf
ist 33 m lang und 15 m breit.

Skizze:

b) Das Spielfeld für Ballspiele ist
18 m lang und 6 m breit.
Es gibt auch eine Mittellinie.

Skizze:

c) Charlotte ist 1 m 45 cm groß, ihre
Freundin Jessica ist nur 1 m 32 cm groß.

Skizze:

d) Von der Schule zu Jans Haus sind
es 450 m. Zu Jule sind es nur 300 m.

Skizze:

Hilfen für Sachaufgaben – Tabellen

① Fülle die Tabellen weiter aus.

Sachaufgaben kannst du manchmal mithilfe von Tabellen leichter lösen.

a) In 10 Minuten pflanzt Frau Schnitzer 4 Geranien.
   Insgesamt will sie 16 Geranien pflanzen.
   Wie lange braucht sie dafür?

Anzahl der Geranien	4	8	12	16
Zeit	10 min			

A: _____

b) Für ihren Schulweg (hin und zurück) braucht Hannah genau 12 Minuten.
   Sie hat an 5 Tagen in der Woche Unterricht.
   Wie lange ist sie in einer Woche unterwegs?

Schultage	1				
Zeit	12 min				

A: _____

c) 2 Rosen kosten 4 €. Jonas kauft einen Strauß mit 7 Rosen.
   Wie teuer sind sie?

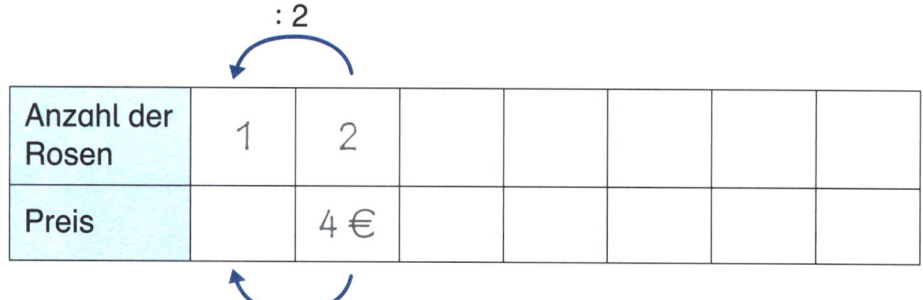

Anzahl der Rosen	1	2				
Preis		4 €				

A: _____

d) Noah geht jeden 2. Tag ins Schwimmbad, Leonie jeden 3. Tag.
   Am 4. Juli sind beide im Bad.
   Wann treffen sie sich wieder?

Datum	4. Juli	5. Juli	6. Juli	7. Juli	8. Juli				
Noah	X		X						
Leonie	X			X					

A: _____

Seite 60

Zentimeter und Millimeter

① Untersuche dein Lineal. Welche Striche zeigen Zentimeter (cm), welche Millimeter (mm)?
Ordne die Begriffe mit mehreren Pfeilen zu.

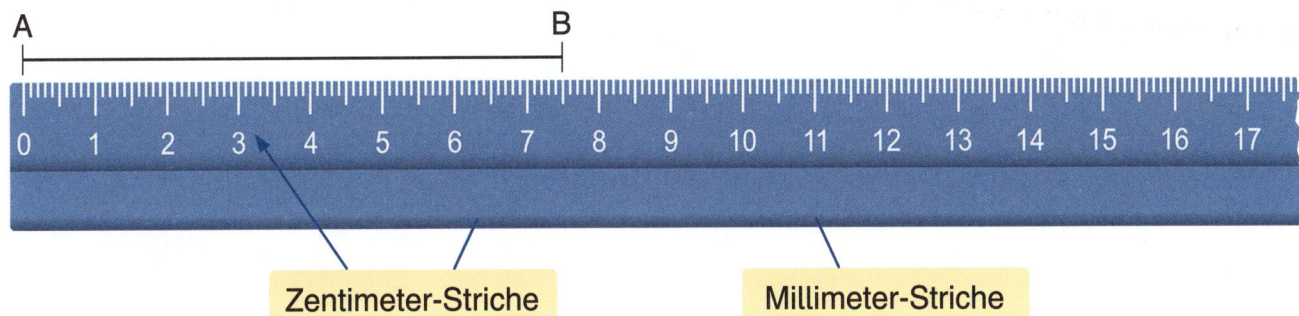

Zentimeter-Striche   **Millimeter-Striche**

② Wie viele Millimeter sind ein Zentimeter?   1 cm = ▢ mm

③ Beginne beim Messen immer bei 0 cm.
Lies zuerst die Zentimeter (cm) ab, danach die Millimeter (mm).

Wie lang ist die Strecke $\overline{AB}$ beim Lineal oben?   Länge $\overline{AB}$: ▢ cm ▢ mm

④ Miss die Strecken auf mm genau. Immer zwei Strecken sind gleich lang.
Male sie mit der gleichen Farbe an.

C ————————————— D
Länge $\overline{CD}$: ▢

E ————————————————— F
Länge $\overline{EF}$: ▢

G ——————— H
Länge $\overline{GH}$: ▢

I ———————————————— J
Länge $\overline{IJ}$: ▢

K ————————————————— L
Länge $\overline{KL}$: ▢

M ————————— N
Länge $\overline{MN}$: ▢

⑤ Zeichne die Strecken ganz genau. Beginne immer bei 0 cm.

$\overline{OP}$ = 6 cm   O ├——

$\overline{QR}$ = 8 cm 5 mm   Q ├——

$\overline{ST}$ = 5 cm 3 mm   S ├——

Beachte:
1 cm = 10 mm

⑥ Wandle die Angaben in mm um.

3 cm 5 mm = 30 mm + 5 mm = 35 mm

6 cm 2 mm = ▢ = ▢

4 cm 9 mm = ▢ = ▢

⑦ Wandle die Angaben in cm und mm um.

52 mm = 50 mm + 2 mm = 5 cm 2 mm

17 mm = ▢ = ▢

73 mm = ▢ = ▢

Meter und Zentimeter

① Untersuche das Tafellineal. Zeige 1 cm und 10 cm an verschiedenen Stellen.
Wie viel Zentimeter hat ein m?

1 m = _____ cm

② Miss mit einem Gliedermaßstab verschiedene Dinge auf cm genau.

a) Länge des Tisches: _____   d) _____: _____

b) Höhe des Tisches: _____   e) _____: _____

c) Länge des Fensters: _____   f) _____: _____

Beachte:
1 m = 100 cm

③ Schreibe die Längenangaben wie im Beispiel auf eine andere Art.

a)

Zentimeter	Meter und Zentimeter
150 cm	1 m 50 cm
180 cm	
135 cm	
240 cm	

b)

Meter und Zentimeter	Meter (mit Komma)
1 m 25 cm	1,25 m
1 m 90 cm	
0 m 50 cm	
2 m 10 cm	

c) Beachte die 0.

Meter und Zentimeter	Meter (mit Komma)
1 m 5 cm	1,05 m
1 m 2 cm	
2 m 8 cm	
0 m 1 cm	

d)

Meter (mit Komma)	Zentimeter
1,45 m	145 cm
1,33 m	
0,61 m	
0,05 m	

e)

Meter (mit Komma)	Meter und Zentimeter
1,28 m	1 m 28 cm
2,13 m	
3,05 m	
4,99 m	

f)

Zentimeter	Meter (mit Komma)
172 cm	1,72 m
245 cm	
205 cm	
107 cm	

notwendige Materialien: **Gliedermaßstab**
nützliche Materialien: **Tafellineal**

Daten und Diagramme

① Das Säulendiagramm zeigt, wie viele Kinder in der Klasse 8 Jahre, 9 Jahre und 10 Jahre alt sind.

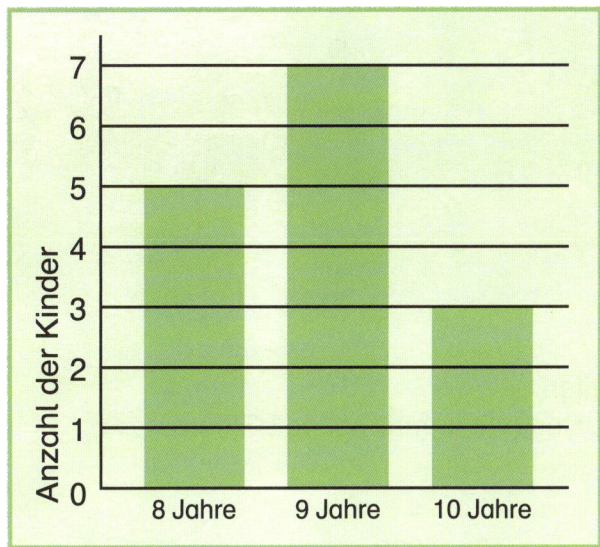

a) Die Höhe der Säulen zeigt dir, wie viele Kinder das gleiche Alter haben.

   8 Jahre: Kinder

   9 Jahre: Kinder

  10 Jahre: Kinder

b) Wenn du die drei Zahlen addierst, weißt du, wie viele Kinder in der Klasse sind.

R:

A: In der Klasse sind   Kinder.

② Dieses Säulendiagramm zeigt, wie viele Mädchen in jeder Klasse Fußball spielen.

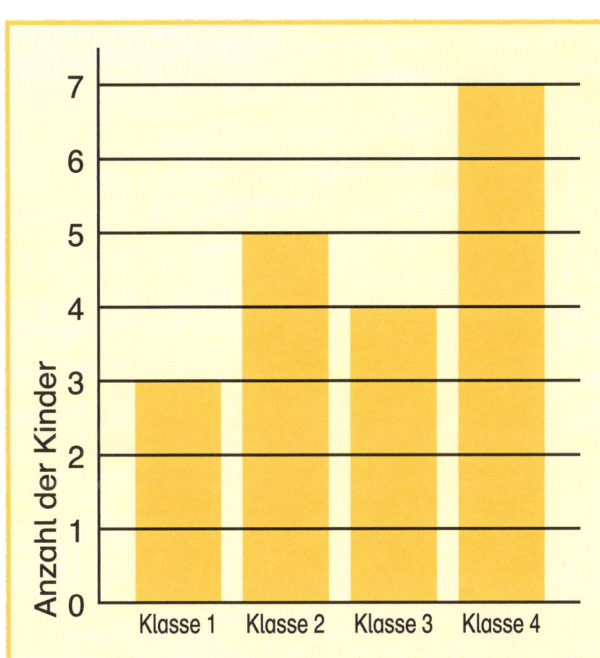

a) Die Höhe der Säulen zeigt dir, wie viele Mädchen in jeder Klasse Fußball spielen.

Klasse 1:   Mädchen

Klasse 2:   Mädchen

Klasse 3:   Mädchen

Klasse 4:   Mädchen

b) Wie viele Mädchen spielen in den vier Klassen insgesamt Fußball?

R:

A: Insgesamt spielen   Mädchen Fußball.

③ Zeichne die Säulen passend zu den Lieblingsessen der Kinder.

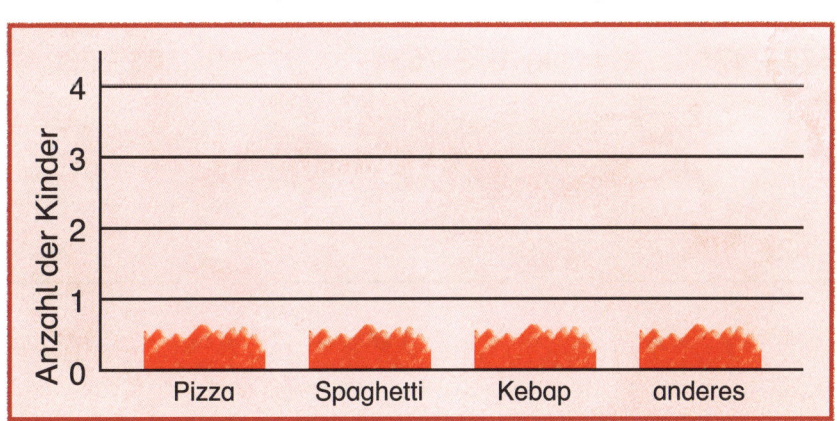

Pizza: 3 Kinder

Spaghetti: 1 Kind

Kebap: 2 Kinder

anderes: 4 Kinder

Schriftlich subtrahieren

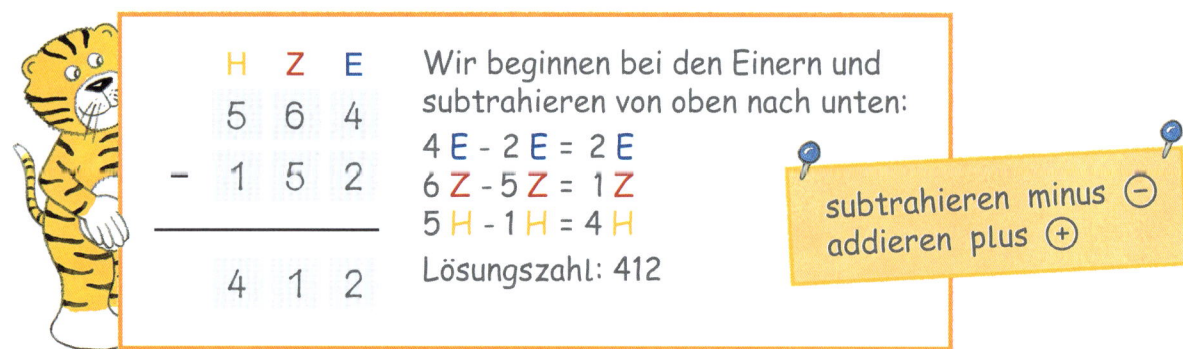

	H	Z	E
	5	6	4
–	1	5	2
	4	1	2

Wir beginnen bei den Einern und subtrahieren von oben nach unten:

4 E - 2 E = 2 E
6 Z - 5 Z = 1 Z
5 H - 1 H = 4 H
Lösungszahl: 412

subtrahieren minus ⊖
addieren plus ⊕

① Schreibe die Aufgaben in die Stellenwerttabellen.
Subtrahiere die Zahlen von oben nach unten. Beginne immer bei den Einern.

a) 648 – 215

H	Z	E
–		

b) 374 – 163

H	Z	E
–		

c) 486 – 282

H	Z	E
–		

d) 987 – 321

H	Z	E
–		

e) 937 – 701

H	Z	E
–		

f) 595 – 360

H	Z	E
–		

g) 729 – 402

H	Z	E
–		

h) 395 – 270

H	Z	E
–		

i) 846 – 513

H	Z	E
–		

j) 572 – 471

H	Z	E
–		

k) 678 – 654

H	Z	E
–		

l) 283 – 280

H	Z	E
–		

Schriftlich subtrahieren mit Entbündeln

H	Z	E
	7	13
6	8̷	3̷
− 2	4	7
4	3	6

Wir beginnen bei den Einern und subtrahieren von oben nach unten:

3 E - 7 E geht nicht, ich wechsle 1 Z in 10 E um.

13 E - 7 E = 6 E

7 Z - 4 Z = 3 Z

6 H - 2 H = 4 H

Lösungszahl: 436

① Schreibe die Aufgaben in die Stellenwerttabellen.
Subtrahiere alle Zahlen von oben nach unten. Beginne immer bei den Einern.
Wechsle jeweils einen Zehner oder einen Hunderter um.

a) 642 – 326

b) 863 – 418

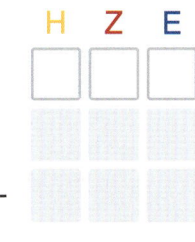

c) 575 – 139

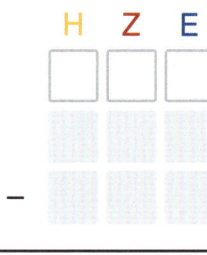

d) 431 – 217

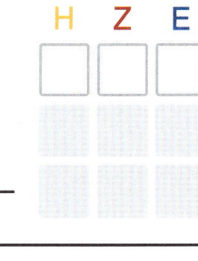

e) 381 – 224

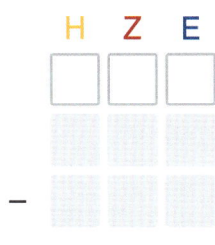

f) 984 – 656

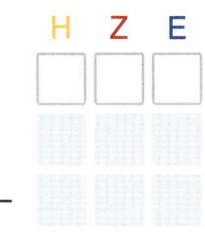

g) 750 – 549

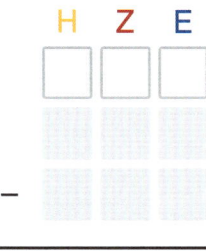

h) 342 – 115

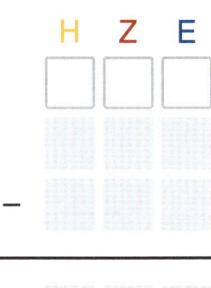

i) 438 – 163

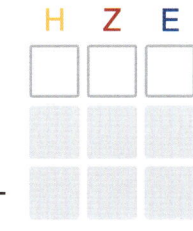

j) 608 – 547

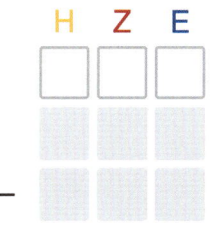

k) 814 – 473

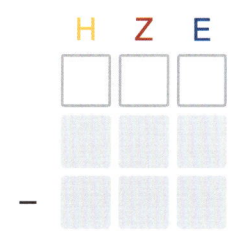

l) 966 – 189

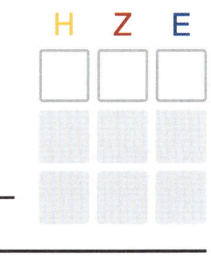

Schriftlich subtrahieren – Kurzform

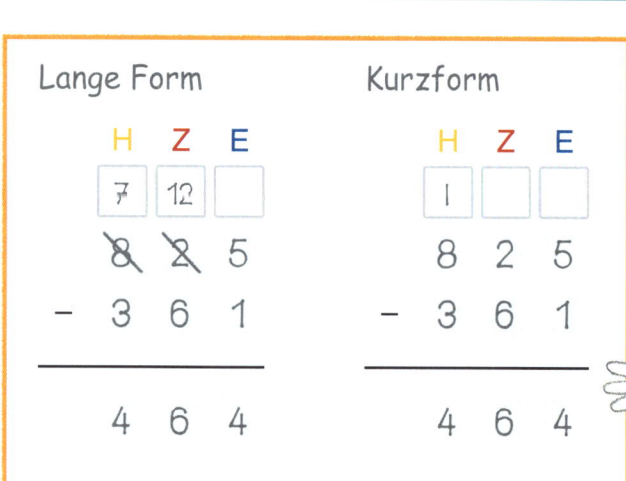

Beim Wechseln wird die hintere Ziffer immer 10 mehr, die vordere Ziffer immer eins weniger. Als Hilfe machen wir über die vordere Ziffer einen Strich. Der Strich bedeutet: eins weniger.

① Schreibe die Aufgaben in die Stellenwerttabellen und subtrahiere.
Sprich wie bei Seite 47, schreibe aber nur die Kurzform auf.

a) 562 – 138

H	Z	E

b) 994 – 719

H	Z	E

c) 785 – 247

H	Z	E

d) 395 – 176

H	Z	E

e) 625 – 573

H	Z	E

f) 828 – 631

H	Z	E

g) 426 – 192

H	Z	E

h) 522 – 380

H	Z	E

② Rechne wie bei Aufgabe 1. Achtung, hier musst du zweimal wechseln.

a) 326 – 158

H	Z	E

b) 843 – 376

H	Z	E

c) 951 – 683

H	Z	E

d) 734 – 265

H	Z	E

Seite 72

Kilometer und Meter

 Ⓐ

 Ⓑ

 Ⓒ

① Auf diesen Schildern werden Entfernungen gezeigt.
Welche Bedeutung haben die Schilder?
Ordne die Buchstaben zu.

Gefahr durch Wild: ▨▨▨   Autobahnausfahrt: ▨▨▨   Wanderwege: ▨▨▨

② Lies an den Schildern die Entfernung ab.

Weg bis zum Weizener Steg: ▨▨▨   Entfernung bis zur Abfahrt Benrath: ▨▨▨

③ Schreibe die Längenangaben wie im Beispiel auf eine andere Art auf.

Beachte:
1 km = 1 000 m

a)

Meter	Kilometer und Meter
1 250 m	1 km 250 m
1 500 m	
1 670 m	
350 m	
990 m	

b)

Meter	Kilometer (mit Komma)
1 600 m	1,600 km
1 150 m	
2 500 m	
3 750 m	
3 020 m	

c)

Kilometer (mit Komma)	Kilometer und Meter
1,490 km	1 km 490 m
1,720 km	
2,530 km	
2,050 km	
3,005 km	

d)

Kilometer (mit Komma)	Meter
1,780 km	1 780 m
1,234 km	
1,090 km	
2,666 km	
3,400 km	

Seite 76

Geometrische Körper

① Schreibe die Namen der Körper in die Kästchen.

Pyramide – Quader – Kegel – Zylinder – Kugel – Würfel

② Untersuche einen Würfel:

a) Wie viele Ecken hat er? Zeichne rote Punkte ein.　　Ecken

b) Wie viele Kanten hat er? Fahre die Kanten mit Grün nach.　　Kanten

c) Wie viele Flächen hat er? Zähle sie am Würfelmodell.　　Flächen

③ Untersuche die anderen Körper auf die gleiche Weise wie in Aufgabe 2.
Wie viele Ecken, Kanten und Flächen haben sie?

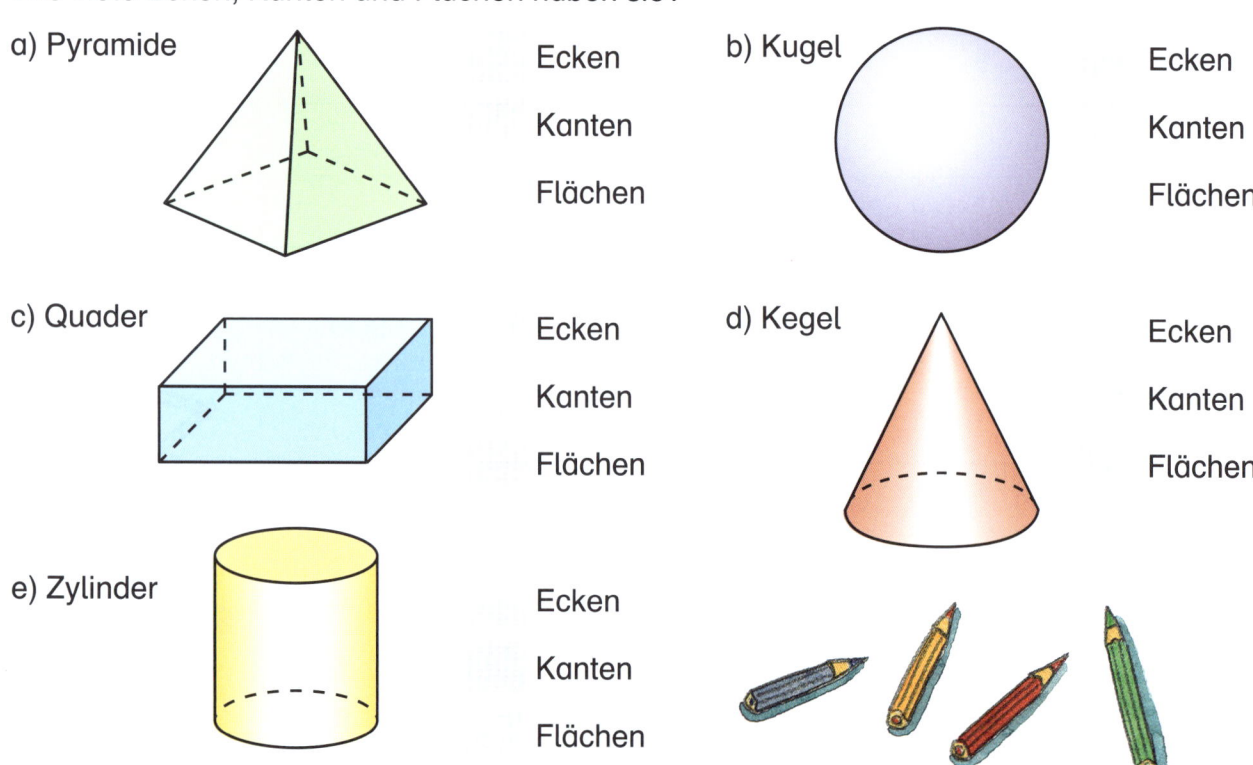

a) Pyramide　　Ecken　　Kanten　　Flächen

b) Kugel　　Ecken　　Kanten　　Flächen

c) Quader　　Ecken　　Kanten　　Flächen

d) Kegel　　Ecken　　Kanten　　Flächen

e) Zylinder　　Ecken　　Kanten　　Flächen

notwendige Materialien: **Würfel, Pyramide, Kugel, Zylinder, Quader, Kegel**
Seite 78

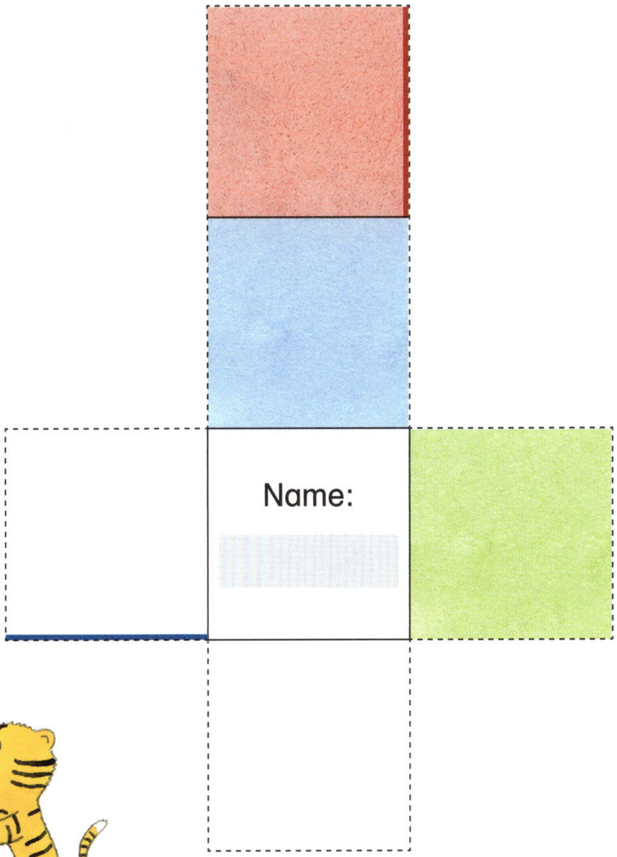

Netze von Körpern

Name:

Name:

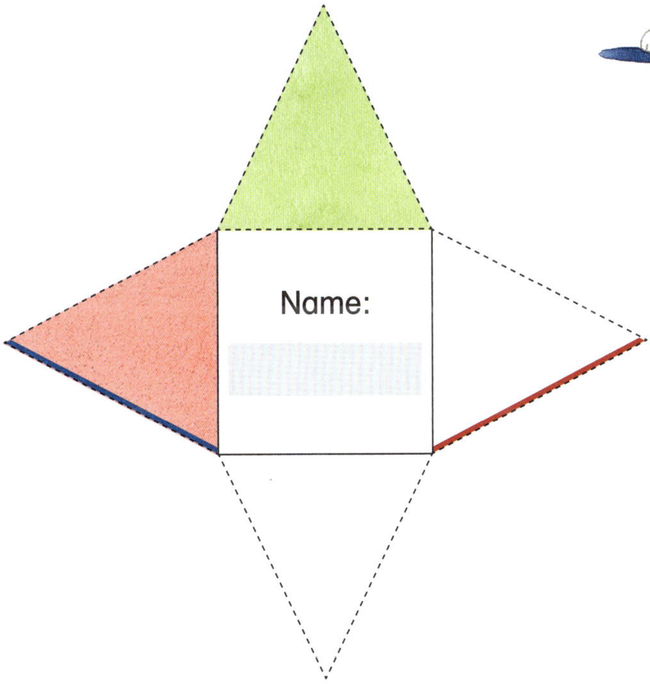

Name:

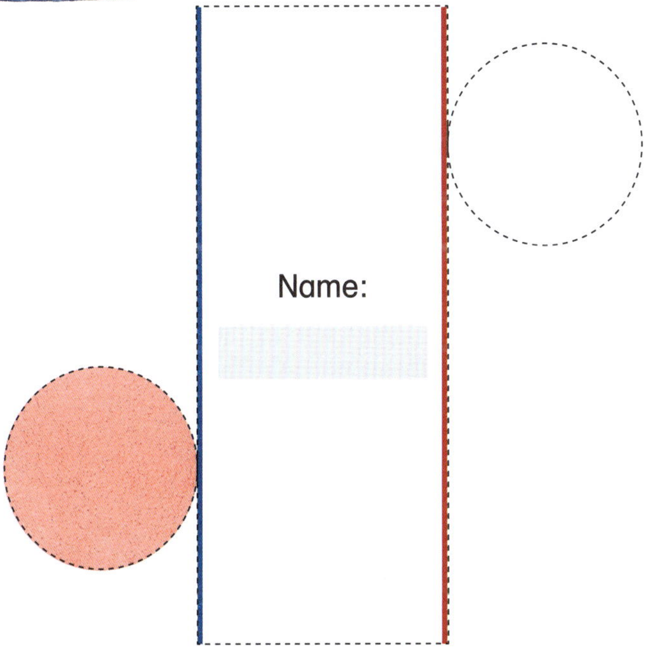

Name:

① Schreibe die Namen der Körper in die Netze. **Würfel – Quader – Zylinder – Pyramide**

② Schneide die Netze entlang der gestrichelten Linien exakt aus und falte an den Kanten.

③ Welche Flächen liegen den farbigen Flächen gegenüber? Färbe sie mit der gleichen Farbe.

④ Welche Kante stößt mit der farbigen Kante zusammen? Färbe sie mit der gleichen Farbe.

Halbschriftlich multiplizieren

$16 \cdot 4 = 64$

$10 \cdot 4 = 40$

$6 \cdot 4 = 24$

So kannst du große Einmaleinsaufgaben lösen:

Multipliziere zuerst die Zehnerzahl.

Multipliziere dann die Einerzahl.

Addiere zum Schluss die beiden Ergebnisse.

multiplizieren mal $\odot$
dividieren geteilt durch $\odot$

① Rechne wie im Beispiel oben.

a) $14 \cdot 6 =$

$10 \cdot 6 =$

$4 \cdot 6 =$

b) $15 \cdot 3 =$

$10 \cdot 3 =$

$5 \cdot 3 =$

c) $19 \cdot 2 =$

$10 \cdot 2 =$

$9 \cdot 2 =$

d) $12 \cdot 8 =$

$10 \cdot 8 =$

$2 \cdot 8 =$

e) $13 \cdot 7 =$

$10 \cdot 7 =$

$\cdot 7 =$

f) $17 \cdot 5 =$

$10 \cdot 5 =$

$=$

g) $18 \cdot 4 =$

$=$

$=$

h) $16 \cdot 6 =$

$=$

$=$

② Rechne auch hier wie im Beispiel oben.
Achtung, hier steht die große Zahl an zweiter Stelle.

a) $4 \cdot 14 =$

$4 \cdot 10 =$

$4 \cdot 4 =$

b) $5 \cdot 18 =$

$5 \cdot 10 =$

$=$

c) $6 \cdot 12 =$

$6 \cdot 10 =$

$=$

d) $7 \cdot 11 =$

$7 \cdot 10 =$

$=$

e) $5 \cdot 16 =$

f) $3 \cdot 17 =$

g) $4 \cdot 18 =$

h) $3 \cdot 19 =$

③ Löse diese Einmaleinsaufgaben im Kopf.

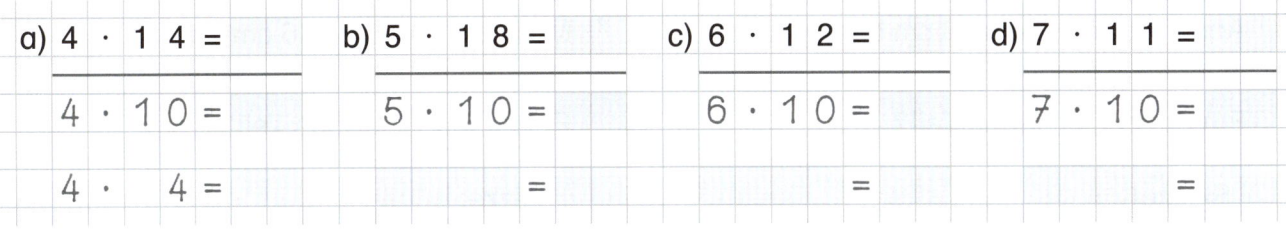

a)
$3 \cdot 11 =$

$4 \cdot 11 =$

$6 \cdot 11 =$

$8 \cdot 11 =$

b)
$10 \cdot 9 =$

$10 \cdot 7 =$

$10 \cdot 5 =$

$10 \cdot 2 =$

c)
$2 \cdot 12 =$

$2 \cdot 14 =$

$2 \cdot 15 =$

$2 \cdot 18 =$

d)
$3 \cdot 12 =$

$4 \cdot 12 =$

$2 \cdot 13 =$

$3 \cdot 13 =$

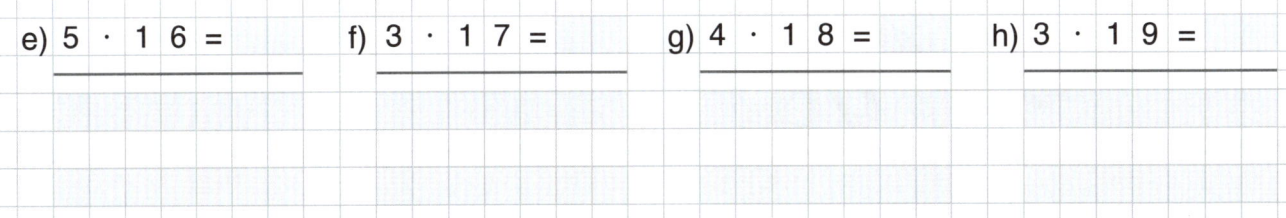

Halbschriftlich dividieren

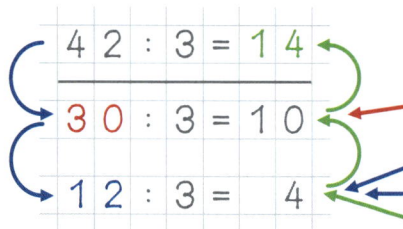

42 : 3 = 14
30 : 3 = 10
12 : 3 = 4

So kannst du große Geteiltaufgaben lösen:

Suche zuerst die passende **Zehnerzahl** und dividiere.
Subtrahiere die Zehnerzahl von der großen Zahl.
Dividiere **den Rest**.
Addiere zum Schluss die beiden Ergebnisse.

dividieren geteilt durch ⊙
multiplizieren mal ⊙

① Rechne wie im Beispiel oben.

a) 7 5 : 5 =
‾‾‾‾‾‾‾‾‾‾
5 0 : 5 =
2 5 : 5 =

b) 4 8 : 4 =
‾‾‾‾‾‾‾‾‾‾
4 0 : 4 =
8 : 4 =

c) 6 5 : 5 =
‾‾‾‾‾‾‾‾‾‾
5 0 : 5 =
1 5 : 5 =

d) 7 8 : 6 =
‾‾‾‾‾‾‾‾‾‾
6 0 : 6 =
1 8 : 6 =

e) 9 0 : 6 =
‾‾‾‾‾‾‾‾‾‾
6 0 : 6 =
: 6 =

f) 9 1 : 7 =
‾‾‾‾‾‾‾‾‾‾
7 0 : 7 =
=

g) 9 6 : 8 =
‾‾‾‾‾‾‾‾‾‾
=
=

h) 3 6 : 2 =
‾‾‾‾‾‾‾‾‾‾
=
=

② Anna schneidet ein 80 cm langes Band in 5 gleich lange Teile.

F: Wie lang ist jedes Teil?

Skizze:

R:

A: _____

_____

③ Malik zersägt eine 76 cm lange Latte in 4 gleiche Teile.

F: Wie lang ist jedes Teil?

Skizze:

R:

A: _____

_____

Stunden und Minuten

Stundenzeiger

Minutenzeiger

Stundenstriche

Minutenstriche

① Untersuche eine Uhr.
Ordne die Begriffe mit Pfeilen zu.
Welcher Zeiger ist der Stundenzeiger?
Welcher Zeiger ist der Minutenzeiger?
Welche Striche zeigen die Stunden an?
Welche Striche zeigen die Minuten an?

1 Stunde = ▨▨▨ Minuten

1 h = ▨▨▨ min

② Wie viele Minuten sind seit der letzten vollen Stunde vergangen?
Überprüfe mit einer Lernuhr.

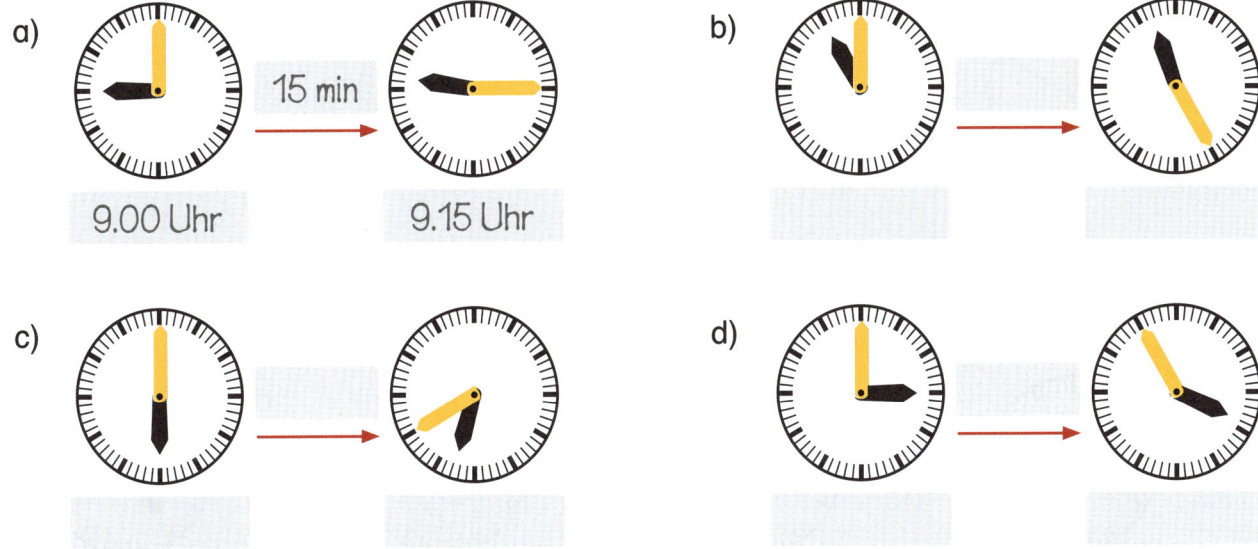

a)

15 min

9.00 Uhr   9.15 Uhr

b)

c)

d)

③ Wie viele Minuten sind es bis zur nächsten vollen Stunde?
Überprüfe mit einer Lernuhr.

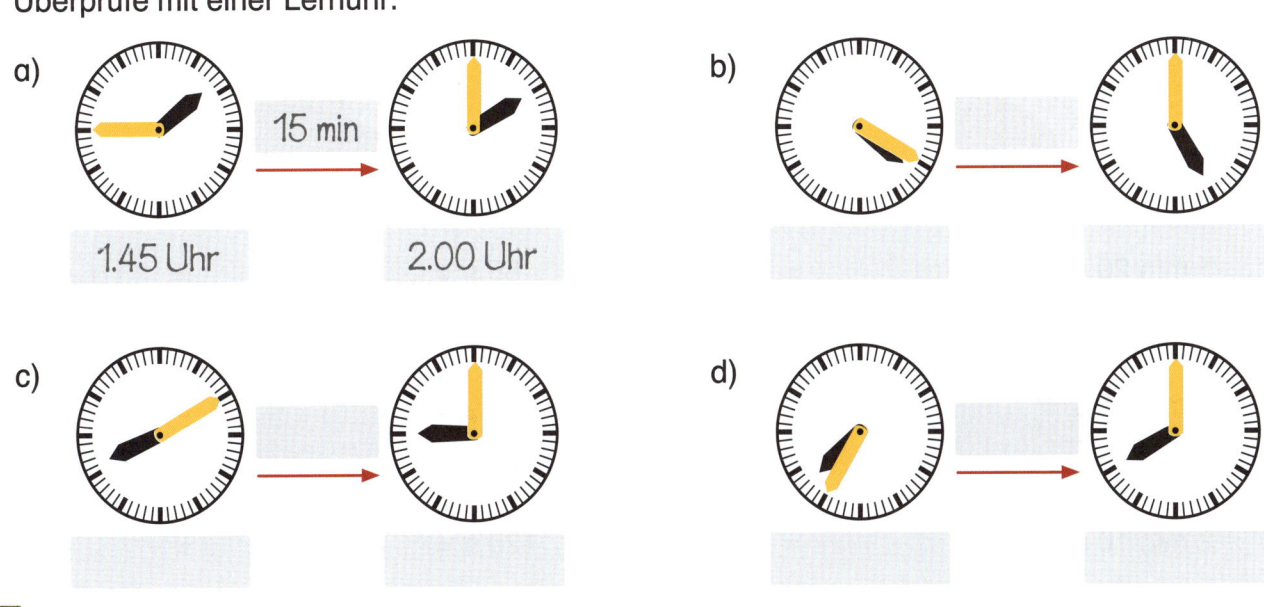

a)

15 min

1.45 Uhr   2.00 Uhr

b)

c)

d)

Minuten und Sekunden

Minutenzeiger

Sekundenzeiger

Sekundenstriche

Minutenstriche

① Untersuche eine Uhr mit Sekundenzeiger.
Ordne die Begriffe mit Pfeilen zu.
Welcher Zeiger ist der Minutenzeiger?
Welcher Zeiger ist der Sekundenzeiger?
Welche Striche zeigen die Sekunden an?
Welche Striche zeigen die Minuten an?

② Beobachte den Sekundenzeiger
eine Minute lang.

1 Minute =   Sekunden

1 min =   s

③ Wie viele Sekunden sind seit der letzten vollen Minute vergangen?

a)    b)    c)    d)

10 s

④ Wie viele Sekunden sind es bis zur nächsten vollen Minute?

a)    b)    c)    d)

20 s

1 min = 60 s

⑤ Wandle in Sekunden um.

1 min 20 s =   60 s + 20 s   =   80 s

1 min 40 s =   =

1 min 5 s =   =

2 min 35 s =   =

2 min 10 s =   =

⑥ Wandle in Minuten und Sekunden um.

65 s =   60 s + 5 s   =   1 min 5 s

85 s =   =

92 s =   =

100 s =   =

120 s =   =

Daten und Diagramme

Dies ist ein Säulendiagramm zu den Schuhgrößen der Klasse 3a der Schillerschule.

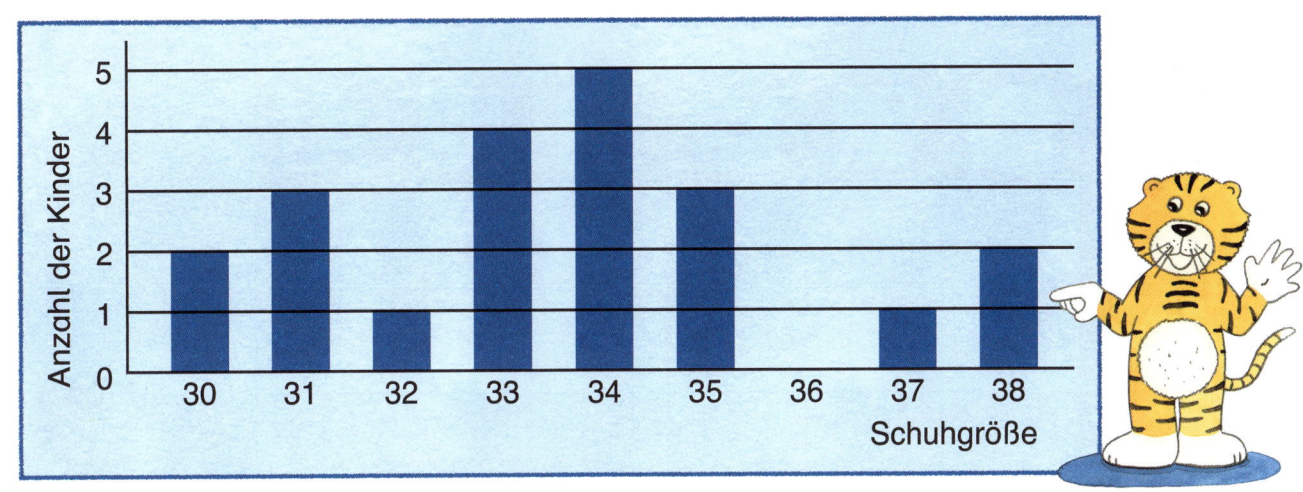

① Übertrage das Diagramm in die Tabelle.

Schuhgröße	30	31	32	33	34	35	36	37	38
Anzahl der Kinder	2								

② Wie viele Kinder sind in der Klasse?
Addiere alle Anzahlen.

R:

A: In der Klasse sind   Kinder.

In der Tabelle sind die Schuhgrößen der Klasse 3b aufgeschrieben.

Schuhgröße	30	31	32	33	34	35	36	37	38
Anzahl der Kinder	1	2	4	0	5	3	1	4	2

③ Übertrage die Tabelle in das Säulendiagramm.

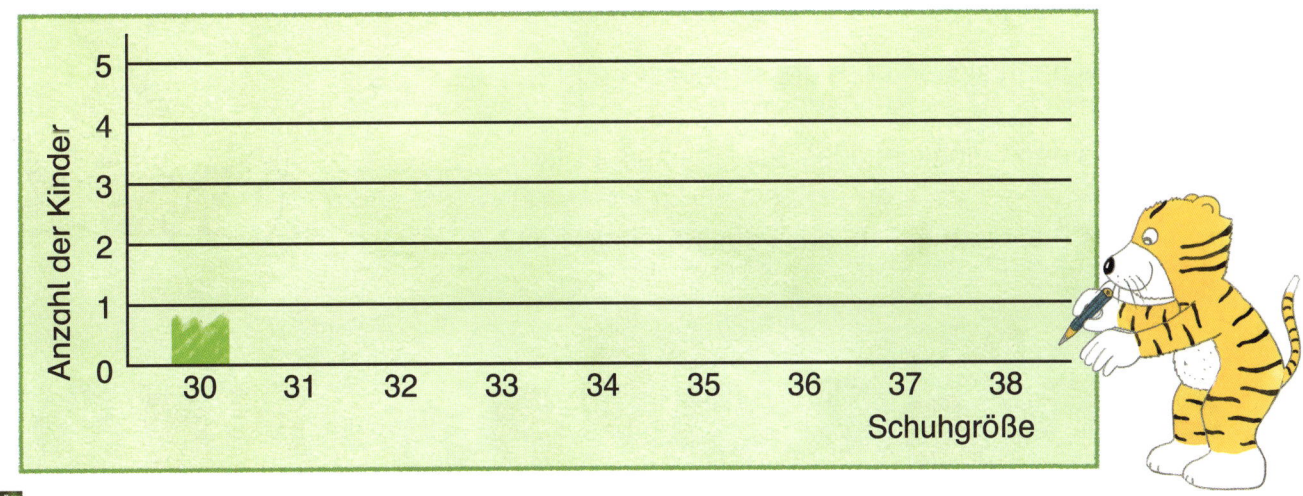

Wahrscheinlichkeit – sicher, möglich, unmöglich

① a) Würfle mit 2 Würfeln 20-mal und addiere jeweils die beiden Zahlen.
   Schreibe die Ergebnisse in der Tabelle auf.

erste Zahl / zweite Zahl	⚀	⚁	⚂	⚃	⚄	⚅
⚀	2	3				
⚁	3					
⚂						
⚃						
⚄						
⚅						

b) Fülle die Tabelle mit den Ergebnissen aus, die es noch geben kann.

② a) Welche Ergebnisse kommen nur einmal vor?

b) Welches Ergebnis kommt am häufigsten vor?

c) Wie oft kommt die 5 vor? _____ -mal

Das bedeuten die Wörter:
sicher: das ist ganz bestimmt so
möglich: vielleicht ist es so
unmöglich: das kann nicht sein

③ Beantworte die Fragen.
Die Tabelle kann dir dabei helfen.

Wenn du mit zwei Würfeln würfelst und das Ergebnis addierst, …

a) … ist es dann sicher, dass das Ergebnis 7 ist? _____

b) … ist es dann möglich, dass das Ergebnis 11 ist? _____

c) … ist es dann unmöglich, dass das Ergebnis 1 ist? _____

Kreise

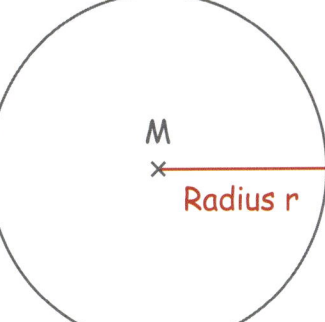

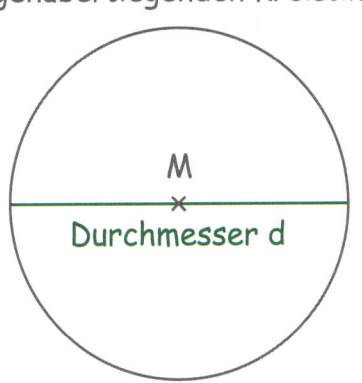

① Zeichne in jeden Kreis den **Radius r** und den **Durchmesser d** ein und beschrifte sie.

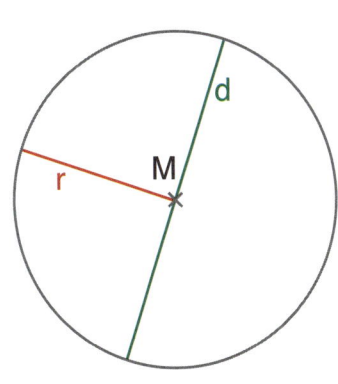

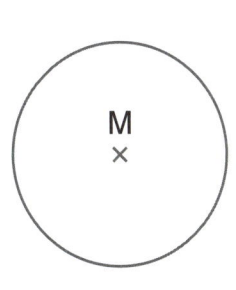

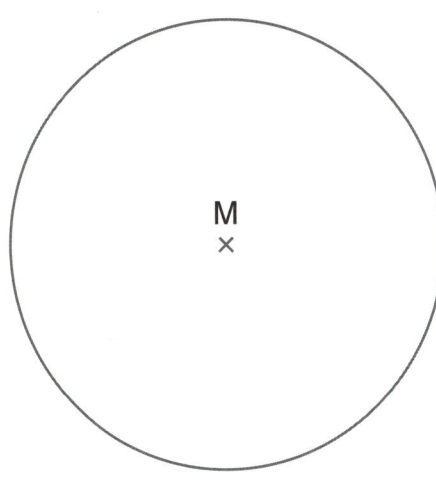

② Zeichne Kreise.

Stich mit der Metallspitze in den Mittelpunkt.
Setze dann die Bleistiftspitze auf das Ende der Radiuslinie.
Zeichne nun den Kreis.
Miss zum Schluss den Radius.

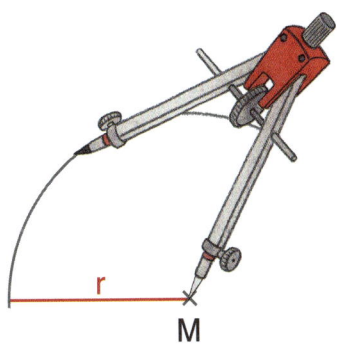

Radius r =   Radius r =

Liter und Milliliter messen

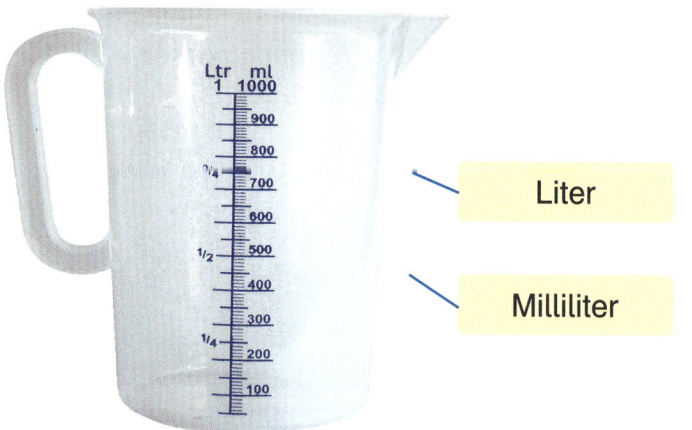

Liter

Milliliter

① Untersuche einen Messbecher.
Ordne die Begriffe mit Pfeilen zu.
Welche Striche zeigen Milliliter?
Welche Striche zeigen Liter?

1 Liter =   Milliliter

1 l =   ml

② Fülle einen Messbecher mit den angegebenen Wassermengen.
Zeichne in jedes Bild die Füllhöhe.

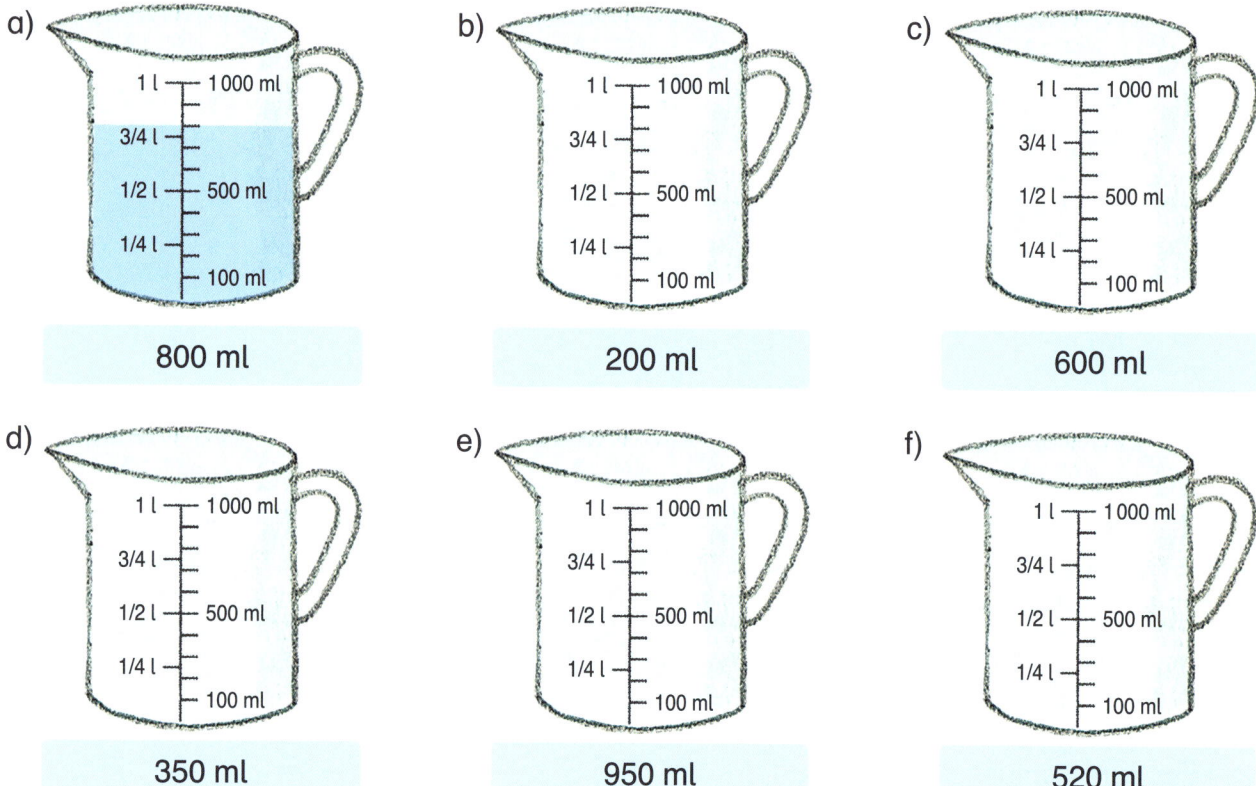

a) **800 ml**

b) **200 ml**

c) **600 ml**

d) **350 ml**

e) **950 ml**

f) **520 ml**

③ Kannst du auch die folgenden Angaben am Messbecher entdecken?
Fülle ihn mit den angegebenen Wassermengen und zeichne die Füllhöhe ein.
Schreibe auf, wie viel Milliliter das jeweils sind.

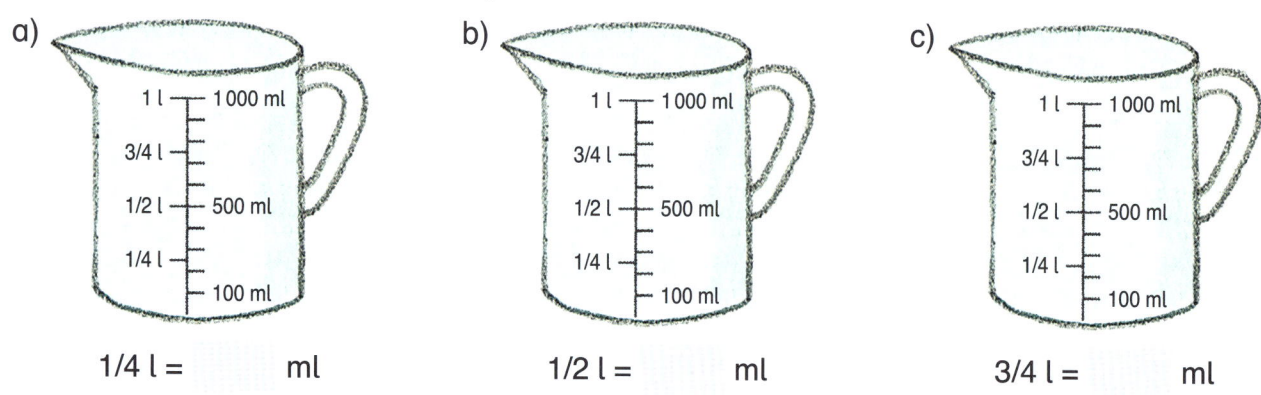

a) 1/4 l =   ml

b) 1/2 l =   ml

c) 3/4 l =   ml

notwendige Materialien: **1-Liter-Messbecher**

Seite 97 – 98

Liter und Milliliter

① Wie viel fehlt zum vollen Liter?
Zeichne die fehlende Menge ein.

Beachte: 1 l = 1000 ml

a)

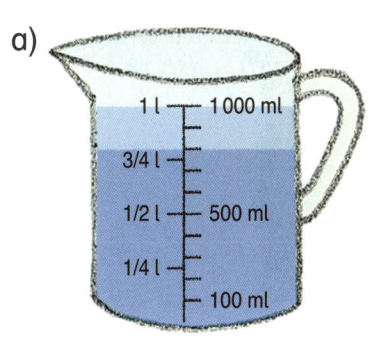

800 ml + 200 ml = 1 l

b)

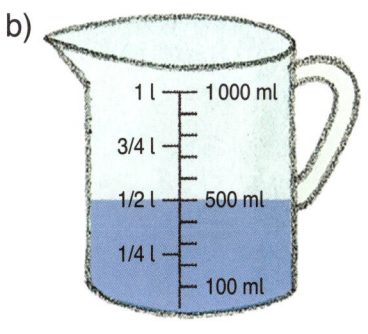

500 ml + ___ ml = 1 l

c)

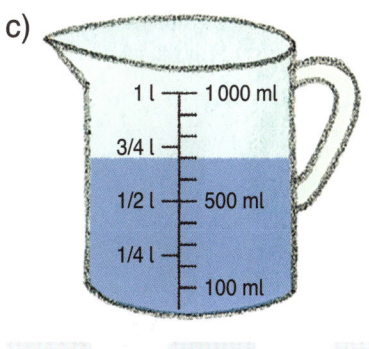

___ ml + ___ ml = 1 l

d)

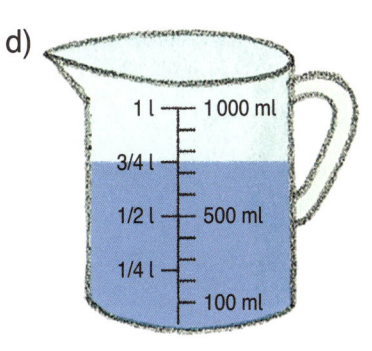

___ ml + ___ ml = ___ l

e)

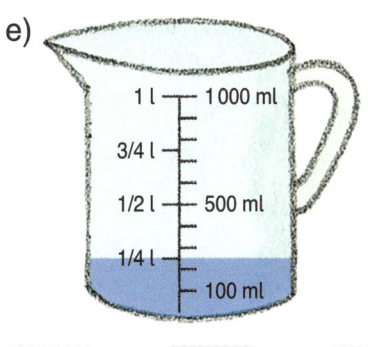

___ ml + ___ ml = ___ l

f)

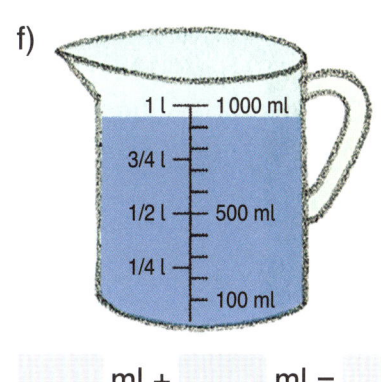

___ ml + ___ ml = ___ l

② Schreibe die Mengenangaben wie im Beispiel auf eine andere Art auf.

a)

Milliliter	Liter und Milliliter
1350 ml	1 l 350 ml
1400 ml	
250 ml	
890 ml	

b)

Milliliter	Liter (mit Komma)
1900 ml	1,900 l
1250 ml	
2650 ml	
3040 ml	

c)

Liter (mit Komma)	Liter und Milliliter
1,860 l	1 l 860 ml
2,370 l	
3,090 l	
0,250 l	

d)

Liter (mit Komma)	Milliliter
1,490 l	1490 ml
1,456 l	
2,050 l	
0,987 l	

Körper und ihre Baupläne

> Ein Bauplan zeigt dir, wie viele Steckwürfel auf jedem Quadrat des Bauplans übereinanderstehen.

Körper   **Bauplan**

3	2	1
1	1	0

① Stelle auf die Quadrate der Baupläne so viele Steckwürfel, wie angegeben. Betrachte deine Bauwerke.

a)

2	3	2
1	2	1

b)

1	4
2	3
3	2
4	1

c)

5	4	3
4	3	2
3	2	1

② Baue die Körper mit Steckwürfeln nach. Fülle dann die Baupläne aus.

a)

2		

b)

3	

Körper und ihre Ansichten

① Baue den Körper nach und betrachte ihn von vorne, von hinten, von rechts und von links.
Trage jeweils ein, von welcher Seite der Körper gezeigt wird.

Körper   **Ansichten**

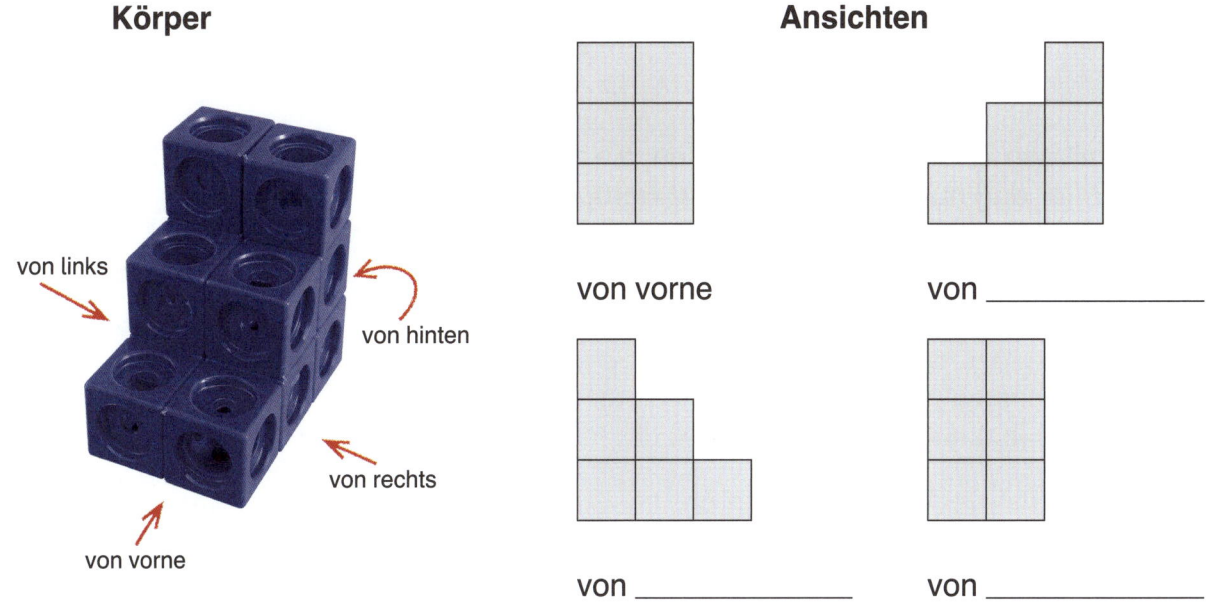

② Baue auch diesen Körper nach und betrachte ihn von allen Seiten.
Trage auch hier jeweils ein, von welcher Seite der Körper gezeigt wird.

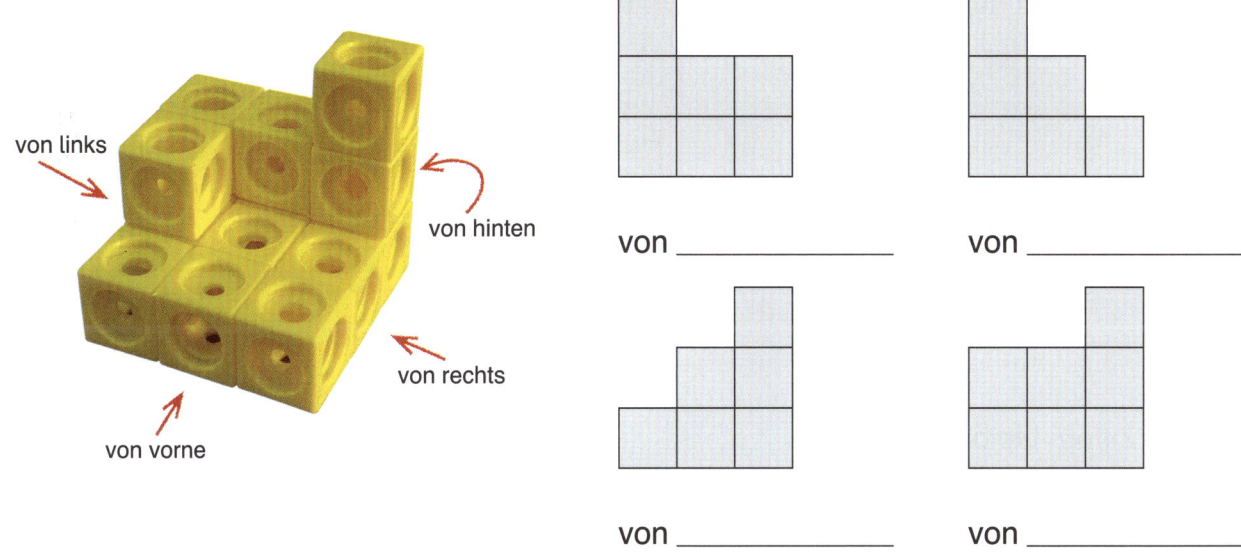

③ Baue den Körper nach und zeichne die Ansicht von vorne und von rechts.

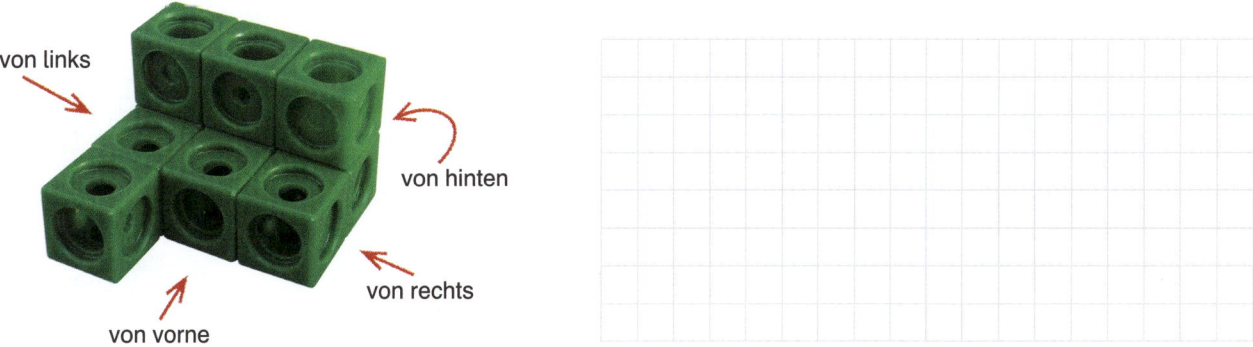

Knobeln mit Ziffern

Verwende für die Aufgaben diese neun Ziffern:

    5 6 7 8 9

① Bilde mit den Ziffern dreistellige Zahlen, die zusammen die **größtmögliche** Summe ergeben. Jede Ziffer darf nur einmal verwendet werden.

```
  H Z E
  9
+
-------
```

So kannst du diese Knobelaufgabe lösen:
- Die Zahlen müssen so groß wie möglich sein.
- Schreibe deshalb die zwei größten Ziffern in die Hunderterstelle.
- Schreibe nun von den übrigen Ziffern die zwei größten in die Zehnerstelle.
- Wähle für die Einerstelle von den übrigen Ziffern wieder die beiden größten Ziffern aus.
- Addiere nun beide Zahlen.

Diese Ziffern bleiben übrig: ___ , ___ , ___

② Bilde mit den Ziffern dreistellige Zahlen, die zusammen die **kleinstmögliche** Summe ergeben. Jede Ziffer darf nur einmal verwendet werden.

```
  H Z E
  1
+
-------
```

Beginne wieder bei den Hundertern. Schreibe aber dieses Mal die kleinsten Ziffern in die Hunderterstelle.

Diese Ziffern bleiben übrig: ___ , ___ , ___

③ Bilde mit den Ziffern 1 bis 9 zwei dreistellige Zahlen, die zusammen genau 999 ergeben. Jede Ziffer darf nur einmal verwendet werden.

```
  H Z E          H Z E

+               +
-------         -------
  9 9 9           9 9 9
```

Wähle für die Einer, Zehner und Hunderter jeweils zwei Ziffern aus, die zusammen 9 ergeben. Es gibt verschiedene Möglichkeiten.

Diese Ziffer kann ich nie verwenden: ___